富水地层半盖挖地铁车站施工控制关键技术

邬国清　林超　王祖贤　江强波　安斌　著

四川大学出版社
SICHUAN UNIVERSITY PRESS

图书在版编目（CIP）数据

富水地层半盖挖地铁车站施工控制关键技术 / 邬国清等著. -- 成都：四川大学出版社，2025.3. -- ISBN 978-7-5690-7732-2

Ⅰ．U231.4

中国国家版本馆 CIP 数据核字第 2025X39U22 号

书　　名：富水地层半盖挖地铁车站施工控制关键技术
　　　　　Fushui Diceng Bangaiwa Ditie Chezhan Shigong Kongzhi Guanjian Jishu
著　　者：邬国清　林　超　王祖贤　江强波　安　斌

选题策划：王　睿
责任编辑：王　睿
特约编辑：孙　丽
责任校对：蒋　玙
装帧设计：开动传媒
责任印制：李金兰

出版发行：四川大学出版社有限责任公司
　　　　　地址：成都市一环路南一段 24 号（610065）
　　　　　电话：（028）85408311（发行部）、85400276（总编室）
　　　　　电子邮箱：scupress@vip.163.com
　　　　　网址：https://press.scu.edu.cn
印前制作：湖北开动传媒科技有限公司
印刷装订：武汉乐生印刷有限公司

成品尺寸：170 mm×240 mm
印　　张：10.25
字　　数：196 千字

版　　次：2025 年 4 月 第 1 版
印　　次：2025 年 4 月 第 1 次印刷
定　　价：78.00 元

四川大学出版社
微信公众号

前　言

　　南昌地铁 3 号线六眼井站,车站总长 179.5 m,标准段宽 21.9 m,处于富水砂层中,基坑开挖深度较大,结构防水控制困难,连续墙成槽施工时极易造成连续墙槽壁坍塌,且车站周边环境复杂,邻近建筑物工法桩施工困难。车站采用半盖挖法施工,施工空间狭小,钢支撑架设困难,安全风险高。因此,如何在半盖挖车站的复杂环境下安全施工,如何运用创新的施工方法加快施工进度是亟待解决的关键性技术难题。

　　本书以南昌地铁 3 号线六眼井站为依托,展开一系列创新和研究,主要内容包括深岩层地下连续墙施工设备选型与快速施工工艺研究、紧邻建筑物 SMW 工法桩施工工艺研究、半盖挖系统下基坑施工工艺研究、富水地层主体结构防水施工技术研究四个方面。旨在解决上述重大技术难题,指导工程建设,提高工程建设经济效益和社会效益,丰富隧道建设方法,推动隧道建设行业发展。根据南昌地铁 3 号线六眼井站具体施工情况,积极探索新工法,得到安全高效并具有推广价值的邻近高层建筑物深基坑围护结构快速施工技术、半盖挖车站盖板下支撑快速架设配置技术、半盖挖车站深基坑快速开挖技术、富水地层主体结构防渗技术,借助这些技术,提高安全保障、提升施工效率、延长结构寿命,使得六眼井站顺利建成,同时也为半盖挖车站的设计和施工提供了理论支持和技术帮助,为地铁车站建设提供更多科学依据及借鉴。

　　由于作者水平有限,书中观点及分析难免存在不足,欢迎广大读者批评指正。

著　者

2024 年 10 月

目　　录

第 1 章 绪 论

1.1 项目背景概述

1.1.1 研究背景

南昌地铁 3 号线六眼井站处于富水砂层中,基坑开挖深度较大,结构防水控制困难,连续墙成槽施工时极易造成连续墙槽壁坍塌,且车站周边环境复杂,邻近建筑物工法桩施工困难。车站采用半盖挖法施工,施工空间狭小,钢支撑架设困难,安全风险高。因此对于半盖挖车站,如何在复杂环境下安全施工,并运用创新的施工方法加快施工进度是亟待解决的关键性技术难题。

本项目以南昌地铁 3 号线六眼井站为依托,展开一系列项目施工技术的创新和研究,旨在解决上述重大技术难题,指导工程建设,提高工程建设经济效益和社会效益,同时丰富隧道建设方法,推动隧道建设行业进步。

1.1.2 依托工程概况

南昌地铁 3 号线六眼井站(原南浦路站)位于象山南路和南浦路交叉路口,沿象山南路南北向布置,车站为 3 号线工程的第 13 个站,车站结构为双柱三跨地下三层岛式车站,为一字形车站。站台中心里程为 DK37+987.104,起讫里程为 YDK37+909.604~YDK38+089.109,车站总长 179.5 m。站台宽度 13 m,标准段宽 21.9 m,端头井宽 25.6 m,为半盖挖(局部全盖挖)顺筑法施工车站。

六眼井站周边环境较为复杂,周边建筑物距车站主体距离较近。象山南路 202 号 1 栋(8 层,独立基础)距车站结构外边线 8.54 m;象山南路都司前街 4 号 4 栋(7 层,独立基础)距车站结构外边线 5.5 m;江西南华医药有限公司(14 层,桩基础)距车站结构外边线 4.8 m;华润万家象山南路店(8 层,桩基础)距车站结构外边线 7.32 m。车站南侧为房地产开发商绿地地块,东南角售楼部已经施工完毕,售楼部距车站主体侧墙最小间距 9.86 m。西北侧为绿地待开发地块,车站东侧中部为江西省赣剧院(2 层,砖混结构),距车站主体结构侧墙 9.3 m。车站周边环境如图 1-1 所示。

六眼井站地下管线较为复杂,影响车站施工的管线有强电、弱电、雨污水、给水等,其中弱电、强电管线均有架空和埋地管线,给车站的施工造成较大影响。深基坑施工期间,所有车站范围内的管线需全部迁移至车站外侧,应注意对改迁管线进行保护。

图 1-1　车站周边环境示意图

车站主体围护结构采用 1 m 厚地下连续墙＋内支撑,第一道支撑采用混凝土支撑,第二至五道支撑采用钢支撑。车站采用半盖挖(局部全盖挖)法施工,开挖深度 25.6～26.5 m,地下连续墙深入岩层约 14 m,主体结构顶板覆土厚度 2.16～3.48 m。车站共设 4 个出入口(含 2 个预留出入口)与 2 组风亭,围护结构采用 ϕ800 mm 钻孔桩。

1.1.3　工程地质和水文地质条件

(1)工程地质。

拟建场地第四系地层厚度为 13.70～21.50 m,成因类型以河流冲积为主,沉积物粗细韵律变化明显,具有典型的二元结构特征,地层岩性都具有下部粗(以砾砂层为主)、上部细(以黏性土为主)的韵律变化特点;土层自下而上为中密～稍密,上部黏性土以硬塑黏土为主,这与沉积时间及成因有关,老地层沉积时间早,成为力学性质较好的土层。

六眼井站地层自上而下依次为：杂填土、淤泥质粉质黏土、粉质黏土、细砂、粗砂、砾砂、泥质粉砂岩，如图1-2所示。

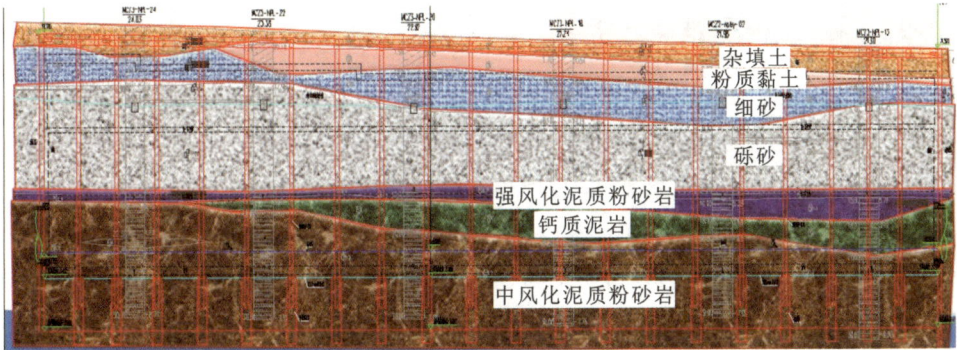

图1-2 车站地质纵断面图

（2）水文地质。

根据地下水含水空间介质和水理、水动力特征及赋存条件，车站施工段沿线地下水类型可分为上层滞水、第四系松散岩类孔隙水、碎屑岩类裂隙孔隙水三种。

①上层滞水。

上层滞水赋存于填土层之中，主要接受降雨入渗补给及城区下水管的渗漏补给。水位随气候变化大，无连续水位面，水量一般较小，初见水位埋深一般为1～3.9 m，而雨季持续降雨水位可与地面齐平。

②第四系松散岩类孔隙水。

第四系松散岩类孔隙水主要赋存于第四系上更新统砂砾层中。粉质黏土为含水层的隔水顶板，下伏基岩为相对隔水层底板。沿线分布的砂砾石层一般为稍密～中密，饱和，属于富水地层，具有透水性强的特征，且与地表水水力联系十分密切。砂砾石层主要被人工填土层及粉质黏土覆盖，局部地段被淤泥质粉质黏土覆盖，地下水具微承压性。具有统一的地下水位，本项目勘察将砂层中的地下水视为潜水。

③碎屑岩类裂隙孔隙水。

碎屑岩类裂隙孔隙水主要赋存于第三系新余群较破碎的泥质粉砂岩与钙质泥岩层段，该含水层富水性不均一，主要受风化裂隙和构造裂隙（节理）控制，裂隙（节理）多呈闭合状，其富水性受张性裂隙控制，一般富水性极差。该地下水与上覆孔隙水直接接触，形成互补关系，一般具有统一的地下水位。

根据勘测现场取孔隙潜水的样本分析，地下水对混凝土结构具有弱腐蚀性，对钢筋混凝土中的钢筋具有微腐蚀性;场地土对钢结构、混凝土结构、钢筋混凝土中的钢筋具有微腐蚀性。

1.1.4　工程重难点分析

六眼井站在施工中主要存在以下重难点:

(1)车站周边环境复杂,邻近建筑物保护困难。

六眼井站位于老城区繁华地段,周边建(构)筑物较多且紧邻车站基坑,尤其是江西南华医药有限公司和樟树国药局。周边环境复杂,施工风险较大,如何控制施工过程中的地表沉降,确保周边建(构)筑物、管线及道路的安全是本工程的关键点和重难点之一。

(2)富水砂层连续墙成槽施工困难。

地勘资料显示,车站主体基坑主要为杂填土、细砂、中砂、粗砂、砾砂、泥质粉砂岩等地层,且地下水位埋深较浅,其中富水砂层厚度为 11.7~14 m,连续墙嵌入中风化泥质粉砂岩最大深度约 14 m。因此,在连续墙成槽施工时极易造成连续墙槽壁坍塌,影响连续墙成墙质量,进而影响周边建筑物的安全。

此外,地下连续墙通常采用工字钢接头,作为围护结构中的薄弱环节,接头质量直接影响基坑围护结构的防渗性能。由于设计槽宽大于工字钢宽度,混凝土浇筑面高于工字钢高度,容易导致混凝土绕流,附着在工字钢表面,硬化结块,若处理不当极易形成渗水通道,影响后续基坑安全稳定。

为保证连续墙成墙质量,在进行连续墙施工前,还需在连续墙两侧采用三轴搅拌桩进行槽壁加固。但是三轴搅拌桩的施工同样会扰动周边地层,并且在三轴搅拌桩施工期间,加固区域内的水泥土处于流塑状态,早期强度较低,也会影响邻近建筑物的安全。因此如何最优化三轴搅拌桩施工同样是本工程的难点。

(3)富水砂层深基坑施工困难。

六眼井站为地下三层基坑,深度约为 25 m,基坑大部分位于富水砂层中,开挖深度较深,如何防止基坑涌水、涌砂,确保深基坑的施工安全是本工程的重点之一。

此外,基坑底部位于中风化泥质粉砂岩中,基坑入岩深度约为 9 m,在基坑开挖时需对基坑底部岩体进行凿除。根据详勘报告,中风化泥质粉砂岩天然强度平均值为 8.38 MPa。现有的采用冲击钻破碎岩体,然后用挖掘机进行开挖的施工方法,其施工进度缓慢,效率较低。因此,考虑到基坑底部岩体并不是很坚硬,寻找一种新的施工方法以提高基坑开挖效率是本工程的重点。

（4）半盖挖系统下钢支撑架设困难。

六眼井站基坑深度 23.6～26.5 m,钢支撑采用 $\phi609$、$\phi800$ 两种规格,钢支撑作业量大,施工空间狭小。半盖挖系统下的钢支撑安装难度较大,安全风险高,如何高效、安全地架设钢支撑是本工程的重点。

在国内类似工程的施工中,半盖挖系统下的钢支撑安装普遍采用挖掘机+人工配合的方法,挖掘机架设钢支撑,对作业平台要求高,施工风险较大,效率不高。采用传统施工工法进行半盖挖车站下的大型模板装拆、大体积混凝土浇筑、物资倒运等干扰较多,施工较慢,较难满足工期要求。

（5）复合墙结构防水控制困难。

六眼井车站结构侧墙采用复合墙形式,主体结构施工时,在地墙和结构外墙之间设置防水板,以增强结构的防水防潮性能。但在施工中,局部地段可能出现墙体表面凹凸不平的现象,造成内外墙之间空隙大小不均、局部接触不良,使得防水材料不能很好地与结构外墙贴合,进而导致车站结构防水效果较差。

1.1.5 科研立项情况

面对上述施工重难点,中铁隧道集团二处有限公司南昌地铁项目经理部深切认识到工程的重要性和艰巨性。为保证施工安全,加快施工进度,确保施工质量,项目经理部多次聘请专家进行现场踏勘和研讨论证,设立了"复杂环境下富水砂-岩层复合地层半盖挖车站施工综合技术"科研课题,由中铁隧道集团二处有限公司、中南大学等单位组成联合课题组,针对南昌地铁 3 号线六眼井站工程的施工重难点与施工过程中遇到的难题,开展相关科研攻关工作。

1.2 研究现状与研究方法

1.2.1 紧邻建筑物深大基坑施工控制措施研究现状

在当前城市建设中,紧邻建筑物进行深大基坑施工已屡见不鲜,其重点在于减小基坑施工过程中造成的周边环境影响,确保邻近建筑物的安全性。目前采取的主要措施有控制基坑围护结构变形、坑内被动区地基加固、坑外主动区地基加固、坑外设置隔离桩墙和优化基坑开挖工序等。

由于地下连续墙具有刚度大、整体性好、防渗性强等优点,对复杂地质条件和施工条件的适应性强,是复杂施工环境下常用的一种深大基坑围护结构。但目前的基坑变形控制设计主要针对基坑开挖阶段,不考虑地下连续墙成槽施工引起的地层位移。针对该问题,丁勇春(2005)指出当存在邻近建筑物地面超载作用时,地下连续墙成槽开挖引起的建筑物沉降比例较高,可占建筑物总沉降的 30%～50%;刘凤洲等(2014)对一邻近历史保护建筑的地铁车站基坑施工全过程进行了监测,根据监测数据指出地下连续墙围护结构成槽浇筑施工对邻近建筑物沉降影响十分明显,占基坑施工期间全部沉降量的 39%～65%,甚至超过了开挖阶段产生的沉降量。因此,可采取槽壁加固措施以保证地下连续墙槽壁的稳定性,有效控制地下连续墙成槽阶段引起的地层位移。目前常用的槽壁加固措施为在地下连续墙成槽前采用水泥土搅拌桩等方法对槽段两侧地基进行预加固,如图 1-3 所示。

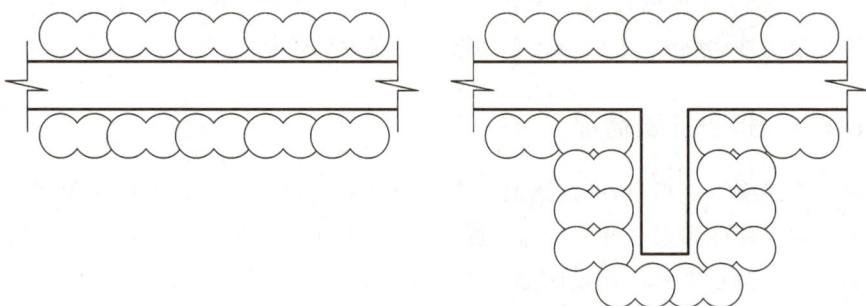

图 1-3　地下连续墙槽壁加固示意图

坑外设置隔离桩墙是在基坑围护结构与保护对象之间设置地下连续墙、水泥土搅拌桩、高压喷射注浆加固体、钻孔灌注桩等构成变形隔断桩墙的方法,作为一种主动保护邻近建筑物的施工措施,其在复杂环境下深基坑施工中被广泛应用。应宏伟等(2011)采用数值模拟手段对隔断墙的应用效果进行了评价,通过数值计算指出隔断墙可明显降低坑外地表最大沉降,减小地表沉降槽的面积,并显著减小邻近建筑物的横向角变量,对减弱开挖引起建筑物损害效果明显。隔断墙可明显减小围护墙水平位移,越靠近隔断墙,地基浅层土体水平位移减小越明显。上海地铁 2 号线河南中路站基坑和兴业银行大厦基坑实测数据表明,采用槽壁加固结合外侧拱形树根桩隔离方案(图 1-4),可最大限度地发挥树根桩的拱作用效应,减小地下连续墙成槽对环境的不利影响。

在基坑施工中,目前普遍采用"分层分段、先撑后挖"的施工工序。刘继强等

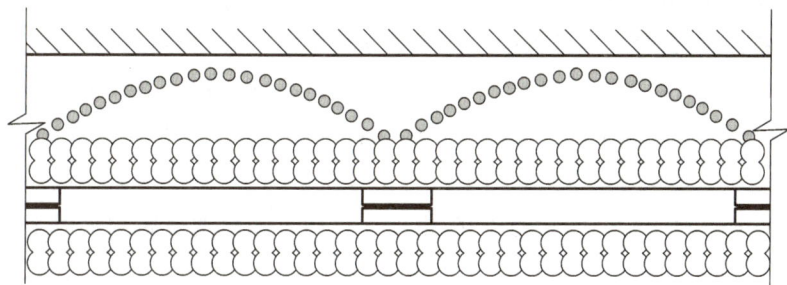

图 1-4 树根桩与槽壁加固平面图

(2014)考虑软土的蠕变特性,采用数值方法模拟研究基坑不同横向、纵向分块和竖向分层开挖对邻近地铁隧道的变形影响,为深圳地铁 11 号线基坑开挖工序的合理选择提供了理论依据。杜家论(2015)以上海虹源盛世国际文化城 A1 区基坑工程为背景,基于数值方法,对比分析了基坑岛式开挖和盆式开挖两种方案下的基坑及围护结构的变形量。

1.2.2 SMW 工法桩施工对地层扰动效应研究现状

SMW 工法,即水泥土搅拌桩墙(Seil Mixing Wall),是以多轴型钻掘搅拌机在现场向一定深度进行钻掘,同时在钻头处喷出水泥系强化剂并与地基土反复混合搅拌,在各施工单元之间则采取重叠搭接施工,然后在水泥土混合体固结硬化之前插入 H 型钢或钢板作为其应力补强材料,至水泥结硬,形成一道具有一定强度和刚度的、连续完整的、无接缝的地下墙体。SMW 工法最常用三轴型钻掘搅拌机施工。

SMW 工法是直接把水泥类悬浊液就地与切碎的土砂混合,不像地下连续墙、灌注桩需要开槽或钻孔,因此不存在槽(孔)壁坍塌现象,因此采用 SMW 工法对周边地层的扰动相对较小。

SMW 工法桩作为一种水泥土和型钢的特种组合结构,在作用机理方面,国内外学者的观点存在一定的分歧。上海市 2005 年推出的《型钢水泥土搅拌墙技术规程》(DGJ 08-116—2005)中指出水泥土仅作为安全储备,桩墙的全部弯矩由型钢承担。日本学者铃木健夫取在现场养护的 SMW 墙体制作试件进行抗弯试验,得出在 SMW 土挡墙中,水泥土不但起到止水作用,还起到增加总体刚度作用,并定义了水泥土的刚度贡献率。但在整体上,对于型钢水泥土搅拌墙刚度,国内外通常采用两者的组合刚度贡献率来计算。

目前对于 SMW 工法桩支护刚度的研究主要集中在水泥土硬化及型钢水泥土搅拌桩成型之后,缺乏对成桩过程中水泥土流塑—坚硬状态的转化过程的研究。作为型钢水泥土组合结构的基底材料,水泥土的早期强度对于整个 SMW 工法桩施工前期的地层扰动控制尤为重要。国内外一些学者也对水泥土的早期强度进行了研究,薛慧君等(2014)选取内蒙古土默川地区广泛分布的黏土,制备水泥土试件并进行了水泥土早期力学性能影响因素的研究,指出水泥掺量和龄期是影响水泥土力学性能的主要因素,随着水泥土龄期的增加,水泥水化反应充分进行,但随着水泥水化反应停止,水泥土强度逐渐趋于稳定。但该试验中试件强度的测定是在水泥土养护龄期为 7 d 之后。薛慧君等还指出,在 $0<T$(龄期)<7 d 时,龄期 T(d)与水泥土强度 f_c (MPa)关系曲线应为一段单调递增曲线,并且 f_c 轴上的截距大于 0。曹智国等(2015)也进行了水泥土无侧限抗压强度试验研究,试件强度的测定同样是在水泥土养护龄期达到 7 d 之后,并根据试验结果提出了一个综合反映水泥掺入量、养护龄期、孔隙率等因素对水泥土强度影响规律的综合表征参数。

综上可见,尽管 SMW 工法桩是直接把水泥类悬浊液就地与切碎的土砂混合,与连续墙或钻孔灌注桩施工相比对地层的扰动较小,但在水泥土硬化前期,水泥土的流塑状态在一定程度上降低了原状土的强度与稳定性。若作为一种基坑与邻近建筑物之间的加固措施,SMW 工法桩的这一性状在基坑施工前期就会造成邻近建筑物的变形,尤其是当建筑物与基坑之间的距离很短时。同时,现行的 SMW 工法桩施工工艺都是按既定的施工计划在隔离防护或支护施作位置连续施工成墙。可以预见的是,由于水泥土早期强度较低,故长距离、大范围的连续施工势必会加剧对邻近地层的扰动,从而在基坑施工前期就影响邻近建筑物的安全性。

1.2.3　半盖挖系统下钢支撑架设工艺现状

在地铁车站深基坑的施工支护结构中,钢支撑系统材料可以周转使用,消耗量小,可施加预应力以合理地控制基坑变形,有利于缩短工期,故而被广泛应用。

明挖法开挖时,操作空间大,重型机械设备可以进场,钢支撑的架设多直接采用起吊设备(如汽车起重机、塔式起重机、门式起重机等)进行施工。如北京地铁 10 号线芍药居站、成都地铁 18 号线麓山站、郑州地铁 1 号线郑州火车站站等工程在进行钢支撑施工时就是采用此方法。

盖挖法施工时,一般需要通过基坑外的起吊设备把拼装好的钢支撑吊入架设位置附近,再用挖掘机、卷扬机、手拉葫芦、电动葫芦等设备配合人工进行安装。上海地铁12号线漕宝路站,采用盖挖顺逆作结合法,通过预留在逆作板下的吊环,用电动葫芦将临时钢支撑吊装就位。有学者发明了变体式大型钢支撑安装移动台车,采用移动式的台车对不满足吊装条件的钢支撑进行安装,但由于台车自身体积较大,在顶板下空间狭小的区域往往施工比较困难,且当施工区域较大时,往往需要多台车配合,使得施工难度增加。因此,一种适用于盖挖法的钢支撑定位装置得到应用,使得钢支撑在精准定位的情况下移动至已施工好的顶板下方,且定位装置通过承托结构支设在竖向支撑体系上,能够适应狭小空间的施工。

采用半盖挖法施工时,由于大型起吊设备等无法进入盖挖顶板下,且钢支撑构件较长、重量大,一般在地面将钢支撑拼装成长度不同的两段,用起吊设备将短节段支撑吊到指定位置,再用挖掘机调运到铺盖系统下,另一段由于长度较长,需用起吊设备倾斜吊运到安装位置并与短节段进行拼接安装。因为需用挖掘机进行调运,所以要控制好每层台阶的开挖长度,便于挖掘机对短节段支撑的调运和安装。西安地铁4号线试验段和平门站,采用半盖挖法施工,通过龙门式起重机和半盖挖系统下挖掘机配合分段安装钢支撑构件,施工结束时则用叉车配合龙门式起重机拆除。此外,一种半盖挖基坑盖板下横向钢支撑倒运安拆施工结构,通过在盖板下预埋吊环,采用吊环作为手拉葫芦的挂点,横向牵引吊运钢支撑,从而解决了盖板下方横向钢支撑无法吊运安拆的问题。

可见现行的半盖挖系统下钢支撑架设普遍采用挖掘机与人工配合的方法安装,施工风险大且效率低,很难满足工期要求。

1.2.4 岩层深基坑开挖方法及设备选型现状

在地铁基坑开挖过程中,一般采用爆破开挖或者机械开挖。在遇到无法直接采用机械开挖的硬质地段,通常采用炸药爆破方案进行破岩开挖;当开挖区域岩层岩性较坚硬时,常用的基坑开挖手段是机械冲击破碎岩石,然后配合挖掘机进行基坑内石方的开挖。虽然采用炸药爆破效率高,但是由于地铁在城市中心施工,爆破风险系数高,会对周边居民及建(构)筑物产生较大影响,炸药存放也不安全。因此,在实际施工时,常采用静态破碎辅以机械破碎施工方案,比如广州市某岩质基坑就采用该方案进行基坑岩层面的开挖。

传统的机械破碎开挖方案也有其弊端。机械破碎开挖通常采用单斗式挖掘机,对于深基坑开挖效率不高,且在施工的过程中由于需要大量的土方运输车辆,对项目周边交通容易造成一定的影响,对工程的施工进度会有较严重的制约。近年来,多斗式挖掘机和同时具有开挖、运输、卸土功能的铲运机械,如推土机、铲运机、装载机等,在基坑开挖中的运用虽然能在一定程度上解决这些问题,但也存在设备体积较大与施工空间狭小的矛盾。

综上可见,国内岩质基坑开挖方案选择不多,爆破方案和机械破碎辅以挖掘机铲运是主要的施工手段。但常用的机械破碎手段存在开挖效率低、土方运输困难的问题;而采用爆破方案时,爆破风险高、施工噪声大。因此,根据岩性特点优选一种新的岩质基坑开挖方案及配备相应的设备极为必要。

1.2.5　深岩层条件下地下连续墙快速施工工艺研究现状

地下连续墙因其施工噪声小、防渗效果好、整体刚度强和对周围土层扰动小等优点,在实际工程中得到了广泛的应用。近年来,在城市建设中涌现出一大批超深超大型基坑工程,这也进一步要求其围护结构的埋深更深。随着连续墙埋深的增加,在深度方向上工程地质条件的复杂性逐渐凸显出来,因此对地下连续墙的设计和施工提出了更高的要求。

在超深嵌岩地下连续墙施工工艺方面,国内工程实践已积累了大量的工程经验。比如,当底部基岩强度不高(50 MPa 以下)、上部为黏土地层时,可采用"成槽机＋冲击锤"的施工工艺;有研究者在"成槽机＋冲击锤"配合成槽的基础上,对更为复杂的嵌岩式地下连续墙施工工艺进行了更为深入的研究,指出硬岩地层中采用冲抓结合、旋挖钻引孔等方式能取得明显的施工效果及更大的经济效益;袁浩栾等(2017)针对汕头市苏埃通道南岸明挖隧道在上软下硬地层中的地下连续墙施工难点,采取了一系列施工改进措施,针对冲击锤、旋挖钻和双轮铣都不能有效解决高强"斜坡岩"岩层的进尺问题时,提出"成槽机＋旋挖钻＋冲击锤＋牙轮钻"组合使用施工方法,有效解决了地下连续墙施工效率问题。参考国内诸多入岩地下连续墙施工成功经验,在硬岩大深度入岩施工中,双轮铣槽机和冲孔桩机法使用较多。

地下连续墙施工时,选择合适的成槽机械对于提高成槽精度和成槽效率至关重要,直接关系地下连续墙施工的成败。作为地下连续墙施工中的关键工序,抓斗成槽是目前国际上建造地下连续墙中应用最普遍的成槽施工技术,其中,机械钢丝绳式和液压式是最常应用的两种结构形式的抓斗。另外,泥浆护壁成槽过程中槽壁的稳定是保证地下连续墙顺利施工、控制墙体施工质量的关键。

杨武厂(2016)结合天津地铁 5、6 号线宾馆西路站超深地下连续墙的施工,对天津地区超深地下连续墙成槽施工关键技术作相关研究与讨论,对天津地铁宾馆西路站超深地下连续墙复杂地质条件下的成槽机械进行了比选,并针对传统钙基泥浆在砂性地层容易滤失的缺点提出采用新型复合钠基膨润土泥浆保障地下连续墙施工时的护壁性能。丁勇春等(2013)采用极限平衡法对地下连续墙槽壁的整体失稳机制进行了研究,指出适当增加泥浆比重、提高泥浆液面标高、槽壁预加固、控制成槽机械地面超载及降低开挖对土体的扰动可有效保证槽壁的稳定,并对泥浆护壁成槽过程中的槽壁失稳模式进行了分析研判。秦会来等(2013)基于有限元软件 ABAQUS,通过建立对成槽和泥浆护壁、混凝土浇筑、墙体成型硬化等过程合理再现的三维数值模型,分析研究了槽段宽度、泥浆重度等参数对地层变形的影响,并指出提高泥浆重度并不能起到控制地层变形的作用。

1.2.6 富水地层地铁车站复合墙结构防水控制措施现状

地铁工程多处于地下,受地下水影响极大,防水要求高,施工难度大,防水施工不易控制,地铁渗漏水现象较为普遍。根据《地铁设计规范》(GB 50157—2013)要求,地下车站主体结构、行人通道及机电设备集中区段的防水等级为一级,不允许渗水,且要求结构表面无湿渍。

防水施工技术已成为地铁修建过程中的关键技术。能否解决地铁车站漏水问题,关键在于车站侧墙结构的选择,目前车站侧墙结构主要采用复合墙和叠合墙这两种形式。复合墙结构形式是在围护结构和主体结构之间设置防水隔离层,与主体结构顶、底板的防水层形成整体密封的保护层,围护结构和主体结构之间不能传递剪力和弯矩,主体结构承受水压力和围护结构的传递力。叠合墙结构形式是围护结构作为主体结构侧墙的一部分,通过预埋在围护结构中的钢筋接驳器与主体结构连接,通过结构和施工措施,保证叠合面的剪力传递,叠合后将两者视为一个整体,但防水层难以完全密封。在地铁车站外包防水形式设计上,国内外通常采用全包与半包两种类型。罗程(2018)对南昌地铁 1 号线车站渗漏水情况进行了调查总结,指出车站侧墙结构采用叠合墙时渗漏水情况多于复合墙,采用全包防水的车站渗漏情况好于半包防水的车站。目前地铁车站防水多遵循以结构自防水为主结合柔性外包防水材料的综合防水方案,如宁波轨道交通 2 号线一期工程和深圳地铁一期工程华侨城站等。

相比于叠合墙结构,地铁车站采用复合墙结构时防水效果较好,但也存在一些问题,制约了复合墙整体防水功效的发挥。比如,由于外衬体的约束,后浇内衬体及梁板混凝土在降温收缩过程中容易产生裂缝,使防水环节薄弱。陈斌等(2017)根据宁波轨道交通 2 号线一期工程已完成的 6 座车站渗漏情况的调查,指出地下车站结构防水的关键是对混凝土结构的裂缝进行控制,并提出在地下车站防水设计中优化混凝土材料的选择,加强施工过程控制。混凝土质量的现场控制、浇筑时的振捣和混凝土的养护要严格遵守施工工艺标准,减少结构裂缝的产生才是减少结构渗漏的根本保证。罗程(2018)结合南昌地铁 1 号线的实际情况,提出了一系列地铁车站防水设计改进措施,包括车站外包防水层设计、接缝防水设计和一些特殊部位的防水设计等。

1.3　主要研究内容与研究方法

1.3.1　主要研究内容

依托南昌地铁 3 号线六眼井站具体施工情况,积极探索新工法,得到一种安全高效并具有推广价值的邻近高层建筑物深基坑围护结构快速施工技术、半盖挖车站盖板下支撑快速架设配置技术、半盖挖车站深基坑快速开挖技术、主体结构防渗技术,为半盖挖车站的设计和施工提供技术帮助和理论支持,为地铁车站建设提供更多科学依据及借鉴作用。

(1)深岩层地下连续墙施工设备选型与快速施工工艺研究。

六眼井站基坑开挖深度为 23.5~26.5 m,地下连续墙标准段深度为 28.5~30.9 m。结构底板入岩深度约为 8.5 m,连续墙墙底入岩深度约为 15 m,基坑底部下伏基岩为中风化泥质粉砂岩,岩石天然强度平均值为 8.38 MPa。泥质粉砂岩地层含泥量高,泥水难以分离,携渣能力差,成槽设备的刀具易被糊住;加上粉砂岩地层颗粒细、强度高、岩层厚,成槽设备的刀具难以快速贯入和切削。针对地下连续墙在该地层条件下的安全快速成槽需求,进行成槽工艺比选和成槽设备选型,形成南昌地区泥质粉砂岩地层地下连续墙成槽快速施工工艺。

(2)紧邻建筑物 SMW 工法桩施工工艺研究。

传统的 SMW 工法桩施工都是按照设计要求,在加固(或基坑围护)区域进行连续施工。但六眼井站基坑围护结构周边建筑林立,最近处距围护结构外侧仅有 1.9 m,在该工点进行常规 SMW 工法桩连续施工时,周边建筑物的安全性难以得到保障。因此,结合地下连续墙施工思路,进行 SMW 工法桩跳仓式施工以降低对邻近建筑物的影响。基于数值方法对比分析连续施工和跳仓施工引起的地层变形差异，根据计算分析结合工法桩实际施工要求，确定最优施工间距。

（3）半盖挖系统下基坑施工工艺研究。

六眼井站基坑底部位于中风化泥质粉砂岩中，基坑入岩深度约为9 m，在基坑开挖时需对基坑底部岩体进行凿除。而现有岩质基坑施工通常采用冲击钻配合挖掘机进行开挖，该施工方法施工进度缓慢、效率较低。考虑到基坑底部岩层硬度并不是很大，因此可探索新型施工工艺进行基坑岩层开挖施工，以提高基坑开挖效率。

此外，六眼井站基坑采用半盖挖法施工，施工空间狭小，明挖一侧便道平均宽度约5 m，不能满足现代化大型机械施工条件；且基坑较深，导致基坑钢支撑数量巨大。传统的施工工序及施工设备使得半盖挖车站下的大管径钢支撑架设、大型模板装拆、大体积混凝土浇筑、物资倒运等工序安全风险高，成本投入大，施工效率低。针对这些弊端进行半盖挖系统下的基坑施工工艺研究，提出半盖挖车站基坑钢支撑架设工法，以提高施工效率、降低施工风险。

（4）富水地层主体结构防水施工技术研究。

地下结构防水设计遵循"以防为主、刚柔结合、多道防线、因地制宜、综合治理"的原则。在结构防水体系的构建上以钢筋混凝土结构自防水体系为根本，以结构变形缝和施工缝防水为重点，辅以附加防水层加强结构防水。结合六眼井站主体结构防水设计要求及现场施工工艺，开展混凝土自防水性能研究，提出自防水混凝土的配制方案及控制参数，并进行主体结构高性能防裂混凝土配制及施工方法研究，对车站混凝土结构裂缝进行控制，增强车站防渗漏水效果。此外，结构施工缝、变形缝等是结构防水薄弱环节，为此，进行主体结构施工缝、变形缝防渗技术研究，提出结构接缝防水设计改进措施。

1.3.2 研究方法

拟采用现场调查、文献调研和数值模拟等方法开展研究，课题内容以现场施工工艺工法为主，对现场采用的新工艺、新工法进行提炼总结，必要时辅以计算论证，给出理论支撑。主要在于积极探索新工法，得到安全高效并具有推广价值的半盖挖车站盖板下支撑架设、混凝土浇筑等设备配置技术和主体结构防渗技术。

（1）深岩层地下连续墙设备选型与快速施工工艺研究。

该部分内容采用现场调查和文献调研相结合的方法，基于车站基坑围护结构所在的地层特性，对地下连续墙成槽机械的选型与设备进行配置，对成槽工艺进行比

选,提出南昌地区泥质粉砂岩地层深岩层地下连续墙快速施工工艺。具体如下:

①进行六眼井站基坑地质条件分析,重点分析地下连续墙下伏岩层工程地质特性,包括岩层厚度、岩层成分及强度等,评价该地层地下连续墙成槽主要施工难点。

②调研目前国内深岩层地下连续墙成槽主要施工方法,针对六眼井站基坑地下连续墙入岩深、距离建筑物近的特殊条件,结合泥质粉砂岩地层的工程特性,对本工程地下连续墙施工工艺进行工艺比选分析。

③在确定工程地下连续墙施工工艺之后,针对该地层条件对地下连续墙施工配套设备进行选型与优化,改进相关施工措施,提出适应南昌地区泥质粉砂岩地层的地下连续墙快速成槽施工技术。

(2)紧邻建筑物 SMW 工法桩施工工艺研究。

该部分内容采用现场调查、文献调研和数值模拟相结合的方法,开展紧邻建筑物 SMW 工法桩优化施工研究,论证紧邻建筑物 SMW 工法桩跳仓施工的合理性与优越性。重点在于 SMW 工法桩施工模拟时数值模型的构建,即流塑状水泥土介质在计算模型中的实现方案,以及流塑状水泥土和固结硬化后 SMW 工法桩的参数确定。建模时尽可能考虑施工时 SMW 工法桩参数随施工时间的变化。具体如下:

①现场调查确定 SMW 工法桩施工工艺及流程,了解施工正常进度。进行文献调研并试算,确定工法桩成型早期流塑状水泥土介质在模型中的实现方案,并确定流塑状水泥土和固结硬化后桩身强度参数。探讨 SMW 工法桩施工黏弹性或黏弹塑性模型建立的可行性。

②建立 SMW 工法桩连续施工和跳仓施工两种计算工况,对比分析两种工况下 SMW 工法桩施工引起的周边地层响应,论证紧邻建筑物 SMW 工法桩跳仓施工的可行性与优越性。

③建立不同施工长度和跳仓间距下的数值模型,结合现场施工条件和施工效率要求,确定跳仓施工合理的施工长度和施工间距。

(3)半盖挖系统下基坑施工工艺研究。

该部分内容以现场调查为主,整理并提炼现场施工方案,并辅以适当计算。主要开展半盖挖系统下大直径钢支撑架设方案研究和结构施工方法及设备研究。具体如下:

①调研总结现行半盖挖车站基坑钢支撑架设方法,以及半盖挖车站结构施工时的大型模板装拆、大体积混凝土浇筑、物资倒运等的施工方法与施工设备。了解半盖挖车站顺作法施工的工序流程。

②盖板下门吊吊装系统的设备配置与结构承载力检算。设备配置主要是根据施工时钢支撑及后期结构施工大型模板吊装要求,配置满足起吊要求的悬挂轨道式电动葫芦;结构承载力检算主要包括吊装系统主梁刚度检算、盖板承载力检算,以及地下连续墙和钢立柱承载力检算。

③确定半盖挖系统下盖板下门吊吊装系统吊装钢支撑施工工艺流程。

(4)富水地层主体结构防水施工技术研究。

该部分内容以现场调查为主,整理提炼现场结构防排水施工方案,并结合文献调研开展研究。研究内容围绕车站结构形式的选择、车站主体结构自防水性能、主体结构防水卷材的选择与施工工艺,以及结构接缝防水技术等。具体如下:

①现场调查,明确地铁车站主体结构防水施工工艺及流程。结合文献调研,进行现行防水设计要求下已完工地铁车站渗漏水情况调查,进行既有车站渗漏水原因分析。

②依据六眼井站防水设计要求和现场施工条件,进行半盖挖地铁车站叠合墙和复合墙结构体系方案比选,确定六眼井站侧墙结构形式。

③基于文献调研和现场施工,开展混凝土自防水性能研究,提出高性能防裂混凝土的配制方案及控制参数。

④进行结构外防水卷材的优选与快速施工技术研究,结合现场实际情况,针对结构施工缝和变形缝等重点渗漏水位置提出富水砂层结构接缝防渗施工工艺。

第 2 章　深岩层地下连续墙配套施工工艺研究

2.1　复合地层工程、水文地质特性分析

南昌地铁 3 号线六眼井站地处西湖老城区,围护结构全部采用地下连续墙,共有 74 幅地下连续墙,墙厚为 1 m,标准槽段幅宽为 6 m。入岩平均深度较大,分 2 期施工,每期 37 幅。

根据地质勘察报告,本工程沿线自上而下由第四系地层及第三系新余群组(Exn)红层组成。其中,第四系地层成因类型以河流冲积为主,沉积物粗细韵律变化明显,具有典型的二元结构特征,地层岩性都具有下部粗(以砾砂层、砾砂为主)、上部细(以黏性土为主)的韵律变化特点;下伏第三系新余群地层,层顶埋深 13.7～21.6 m,强风化泥质粉砂岩以下为中风化泥质粉砂岩,局部间夹含钙质泥岩,拟建场地尚未见到明显的软弱泥岩夹层。

地下连续墙施工涉及复合地层,具有典型的上软下硬特性,自上至下依次为:杂填土(层厚约 3 m)、淤泥质粉质黏土(层厚约 2 m)、中粗砂(层厚约 2.5 m)、砾砂(层厚约 8.5 m)、强风化泥质粉砂岩(层厚约 1.5 m)、中风化泥质粉砂岩(层厚约 12.4 m)。

泥质粉砂岩中泥质成分(颗粒粒径小于 0.005 mm 的物质)占粉砂岩总质量的 25%～50%,黏粒含量大、粉砂颗粒细、致密、岩层厚。强风化泥质粉砂岩单轴抗压强度小于 10 MPa,结构大部分破坏,矿物成分显著变化,风化裂隙发育,岩体破碎,用镐可挖。中风化的岩石裂隙比较发育,沿裂隙有较多次生矿物生成,中风化泥质粉砂岩为紫红色,泥质结构,岩面风化中等,单轴抗压强度为 7～8 MPa,岩体较完整,局部见少许垂直裂隙,少数铁、锰质渲染,锤击声哑,无回弹,有凹痕,易击碎,岩芯多呈短柱状,RQD(岩石质量指标)为 80%～95%,岩石基本质量等级为 Ⅳ 级,局部夹青灰色钙质泥岩,稳定性较好。

站址地下水可分为上层滞水、第四系松散岩类孔隙水和碎屑岩类裂隙孔隙水 3 种类型。在围护结构外侧主要以砂层内潜水为主,水位标高 17.5 m。基坑底部标高 -2.0 m,最大水头高度 19.5 m。基坑处于富水砂层中,水头压力较大,基坑开挖时渗漏水、喷涌砂风险较高。

2.2 地下连续墙施工工艺比选分析

本节通过文献调研、现场调查、理论分析等相结合的方法,针对六眼井站入岩深、距离建筑物近的特殊条件,对该工程地下连续墙施工工艺进行比选分析。

(1)成槽机+旋挖钻。

成槽机+旋挖钻在地下连续墙成槽施工中适用于各种地层,可以在砾砂层、中风化泥质粉砂岩中成孔,成孔效率较高,为冲击钻孔效率的2～4倍。但在本工程案例中,由于地下连续墙深度较大,旋挖钻成孔过程中钻杆的垂直度不易达到相关规范要求,故成槽机成槽时纠偏难度大,易形成2幅相邻槽段竖向错台,造成墙缝渗漏喷涌,结构侵限的风险极大。六眼井站周边环境复杂,毗邻高层建筑,对地下连续墙成槽施工质量要求极高。为了最大限度降低地下连续墙垂直度偏差纠偏过程造成的槽段风险,避免后续开挖可能造成的地下连续墙渗水隐患,六眼井站不适合采用该种施工工艺。

(2)成槽机+冲击钻。

成槽机+冲击钻配合成槽施工工法在地下连续墙成槽施工中应用较早,工艺较成熟,主要是利用钢丝绳悬吊冲击钻头做提升及下落运动,应用自身重力反复冲击破碎硬质地层,在地层适应性上,冲击钻适宜在中风化泥质粉砂岩内成孔,垂直度控制较旋挖钻要好,但冲击钻成孔效率低。

在本工程案例中,施工现场首先采用1台液压抓斗成槽机+2台冲桩机(锤头直径1 m,质量3 t)进行试成槽作业。成槽机从地面抓至中风化岩面(深度约15 m),共3抓;然后使用1台冲击钻分层冲孔,每幅槽段设7个孔,先主孔,后副孔,每层2.5 m,共计5层。如图2-1所示。

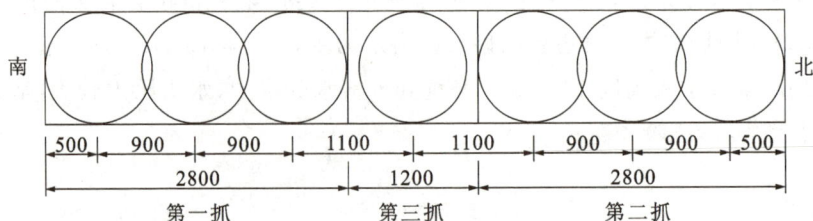

图 2-1 连续墙布孔平面图(单位:mm)

试成槽过程中,统计了成槽机和冲击钻在不同地层中的进尺速度,如表2-1所示。

表2-1　　　　　　　　　　　施工进度平均指标统计表

设备	杂填土层、粉质黏土层	中砂层	砾砂层	强风化泥质粉砂岩层	中风化泥质粉砂岩
SG6成槽机进尺速度/(m/h)	7	4	3	0.2	0.07
JL-6冲桩机进尺速度/(m/h)	—	—	—	—	0.25

按照上述施工进度平均指标和施工方法,推算单幅槽段成槽时间:在不含工序转换、设备故障时间情况下,按照每天24 h工作时间计算,需要17.2 d才能完成成槽;如果考虑工序转换、设备故障以及工作效率等因素,按照每天70%的工效考虑,则需要24.5 d(2台冲锤14.2 d)才能成槽。历时过长,对施工进度影响较大,同时,成槽时间过长会增加槽段自身安全风险,严重威胁周边建筑的安全。

采用冲击钻成孔时,冲击振动大,六眼井站周边建筑物密集,多为高层旧建筑,对施工振动比较敏感,试成槽期间采用德国Head公司数据采集仪和Artemi数据采集分析软件进行数据采集及分析,传感器采用中国地震局工程力学研究所941B型振动传感器,针对冲击钻施工时对周边建筑的影响进行振动测试。

施工位置50 m范围内分析值如表2-2所示,根据《建筑工程容许振动标准》(GB 50868—2013)关于打桩、振冲等基础施工对建筑结构影响在时域范围内的容许振动值规定,距离地下连续墙6 m、7 m两点的测值超过居住建筑允许值的3 mm/s。

表2-2　　　　　　　　　　各测点位置振动最大值(垂向)

项目	测点位置/m											
	1	2	3	4	5	6	7	8	16	24	32	48
振动最大值/(mm/s)	0.918	1.542	1.361	1.81	2.635	3.465	3.066	2.297	0.865	0.835	0.448	0.273

根据试成槽结果,为避免成槽时间过长,冲击振动对周边高层建筑造成不利影响,六眼井车站地下连续墙施工不适合采用成槽机+冲击钻的施工工艺。

(3)双轮铣槽机。

双轮铣槽机是一个带有液压和电气控制系统的钢制框架,底部安装3个液压马达,水平向排列,两边马达分别带动两个装有铣齿的滚筒。铣槽时,两个滚筒低速转动,方向相反,其铣齿将地层围岩铣削破碎,中间液压马达驱动泥浆泵,通过铣轮中间的吸砂口将钻掘出的岩渣与泥浆排到地面泥浆站进行集中处理后返回槽段内,如此往复循环,直至终孔成槽。

双轮铣槽机垂直度与槽段轴线一致,并由两个独立的测斜仪监测,其数据由驾驶室内的电脑处理并显示在液晶显示屏上,驾驶员可随时监控并通过纠偏实现对双轮铣槽机垂直度的调整。

此工艺适应地层范围广,虽然在土层中效率优势并不明显,但在岩层施工中,其效率是普通成槽机的几倍,是其他成槽设备无法比拟的,采用此工艺不仅能提高成槽工效,加快施工进度,减少槽壁暴露时间,保证施工安全,而且成槽(孔)质量好,可使墙体的垂直度偏差控制在 3‰ 以下,减少相邻幅段之间的错台,提高接头清刷质量,有效减少槽段之间的夹泥夹渣,大大降低墙缝渗漏喷涌的风险,保障周边建筑物的安全。

通过对比分析,六眼井站地下连续墙采用工效高、成槽质量好的双轮铣槽机成槽工艺施工。双轮铣槽机施工工艺如图 2-2 所示。

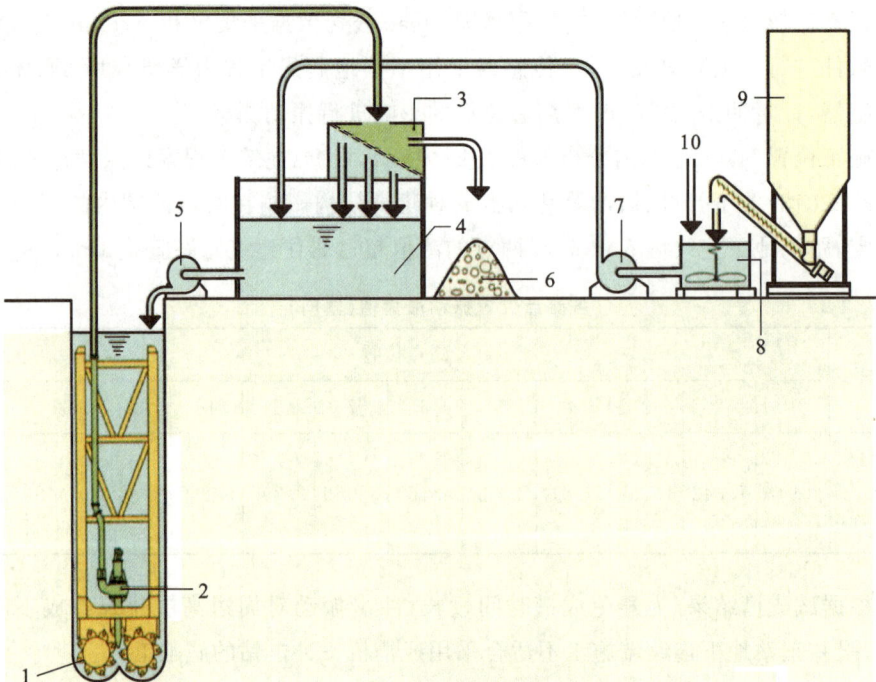

图 2-2　双轮铣槽机施工工艺

1—旋转铣刀;2—铣刀泥浆泵;3—除砂器;4—供浆池;5—地泵;

6—出砂;7—供浆泵;8—泥浆搅拌机;9—脱土罐;10—净水

2.3 地下连续墙施工配套设备选型优化及改进措施

2.3.1 设备选型

(1)刀盘选型。

根据市场调研,国内使用的铣槽机刀盘有3种:平齿、锥齿和球齿(图2-3)。铣槽机刀盘选型时结合岩层强度选用不同的刀盘,可将刀盘工效最大化。刀盘选型(宏观上):软岩采用平齿,稍硬岩采用锥齿,硬岩采用球齿。通过查阅不同刀盘在不同岩层强度下的铣槽速度经验数据,结合六眼井站地质勘察报告,地下连续墙0~15 m深度为杂填土及砂层,15~31 m深度为强风化及中风化岩层,岩层强度为7~8 MPa,初步拟采用平齿刀盘。不同刀盘在不同岩层强度下的铣槽速度如图2-4所示。

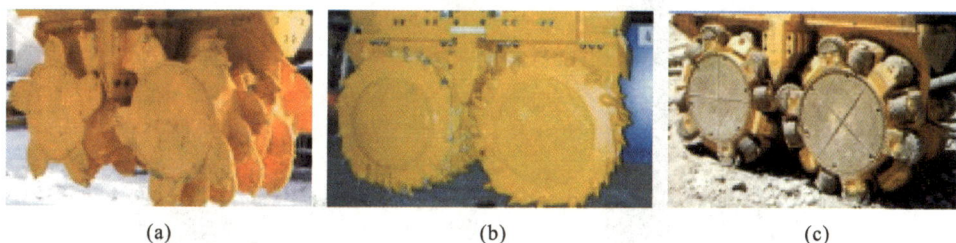

(a)   (b)   (c)

图2-3 铣槽机常见刀盘类型

(a)平齿;(b)锥齿;(c)球齿

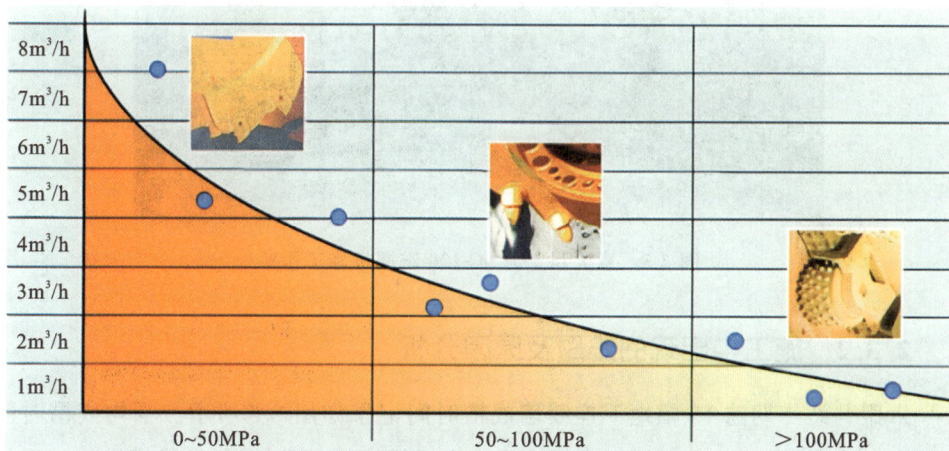

图2-4 不同刀盘在不同岩层强度下的铣槽速度

（2）主机选型。

六眼井站岩石强度较低，鉴于机械费用需经济合理，机型满足现场施工即可。从转矩和泥浆泵流量2个指标进行分析，结合岩层特性及南昌地区既有资源，主机选用意大利土力SC-120铣槽机，主要设备参数见表2-3。意大利土力SC-120铣槽机施工作业如图2-5所示。

表2-3　　　　　　　　　意大利土力SC-120铣槽机主要参数

参数	数值
铣槽深度/m	55
发动机功率/kW	653
发动机转速/(r/min)	1800
齿轮箱转矩/(kN·m)	81

图2-5　意大利土力SC-120铣槽机施工作业

2.3.2　施工中出现的难题及原因分析

六眼井站1期前15幅地下连续墙成槽时间记录如图2-6所示。平均成槽时间45.08 h，其中，第2、3、8、9幅在成槽过程中由于铣槽机刀盘结泥饼，成槽时间比平均时间多出 10 h 不等,通过阶段性分析总结,意大利土力 SC-120 铣槽机在六眼井站的成槽速度约为砂层 3 m/h、岩层 1.5 m/h。

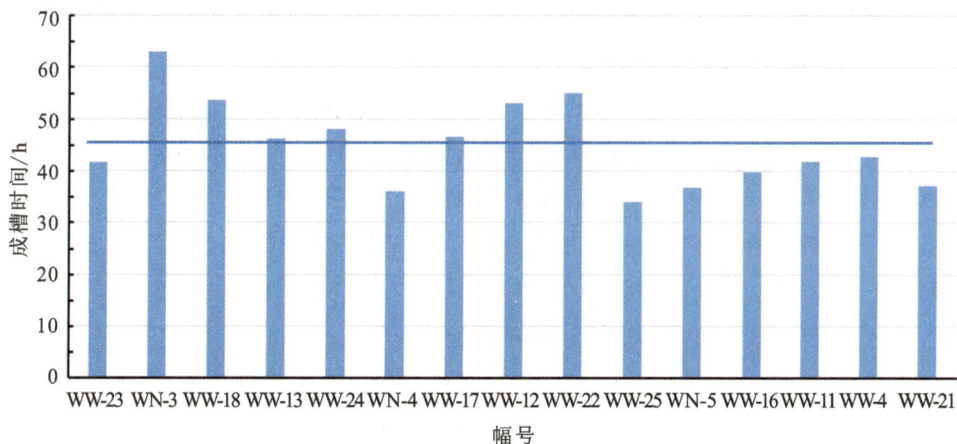

图 2-6 六眼井站 1 期前 15 幅地下连续墙成槽时间

根据以往施工经验,意大利土力 SC-120 铣槽机在其他地区岩层中成槽速度可达到 2.5 m/h,实际施工中未能达到预期效果,针对施工过程中的各环节,结合工程地质,根据现场渣样及设备性能综合分析,总结为以下几个原因:

(1)六眼井站地层中有 3 m 厚的黏土层,容易在刀盘面形成泥饼。泥质粉砂岩中泥质成分(颗粒粒径小于 0.005 mm 的物质)占粉砂岩总质量的 25%~50%,黏粒含量大,在铣轮挤压和高热的工况下,易产生泥饼,若不及时清理,就会出现糊轮,造成进尺缓慢。

(2)泥质粉砂岩中黏粒含量过多,岩渣稠度大,泥浆泵负荷过高,造成大量铣碎的岩渣及粉末滞留,进而导致铣槽机刀盘糊轮。

(3)铣槽机泥浆后台滤砂设备细颗粒筛分能力差,三级筛分设备中除泥机筛分最小粒径为 0.01 mm,远大于泥质颗粒 0.005 mm,造成循环浆液细颗粒过多、稠度大,岩渣和稠浆紧贴铣轮刀盘,形成阻力,消耗部分转矩,造成刀盘进尺能力削弱。

(4)平齿刀盘面板大,与滞留的岩渣接触面积大,板与板之间的粉粒易残留,易结泥饼、易糊刀,降低切削能力;同时,站址中风化泥质粉砂岩岩层实测强度达到 15 MPa,平齿很难充分切削岩面,即使不糊轮,铣槽速度也达不到预期。

(5)循环泥浆温度高,不能对刀盘有效降温,为刀盘结泥饼糊轮提供了条件。

2.3.3　设备优化及改进措施

根据上述对于施工进度缓慢原因的分析,提出了以下设备优化及改进措施。

(1)"抓铣结合"提高铣槽机在岩层施工中的使用率,提高工效。

施工过程中由于糊轮现象的出现,进度受到一定影响,铣槽机的优势未能得到体现。为加快施工进度,配置 1 台成槽机抓去上部较软的黏土层及其他软土层,到达岩面以上 1 m 即更换铣槽机进行入岩作业,两种设备前后抓取同一槽段的砂土地层和岩层,充分发挥铣槽机在岩层施工的优势,从而提高成槽工效,加快施工进度。根据槽段软土层的厚度,结合成槽机的生产能力,配置 1 台 SG50 成槽机。

(2)降低循环浆温度,冷却刀盘,防结泥饼。

将循环浆池扩建,增加泥浆散热面积,并建遮阳棚避免浆液被暴晒,使循环浆能快速降温;及时在循环泥浆中注入新配置浆液,确保进入槽内的循环浆处于低温状态。

(3)增强刀盘破岩能力,形成块体,降低糊刀风险。

平齿刀盘面板大,且面板之间的部位容易吸附黏粒,易结饼糊刀,平齿切削能力稍差,岩渣小而细;替换成锥齿刀盘,贯入度增大,破岩能力强,将岩体切削成块状,小颗粒大量减少,同时,大块岩渣摩擦碰撞刀盘,吸附在刀盘的黏粒被冲击从而掉落,大大降低了糊刀的风险。现场更换锥齿刀盘如图 2-7 所示。

图 2-7　现场更换锥齿刀盘

(4)泥水分离,调整泥浆指标,优化循环浆质量。

泥浆指标主要有相对体积质量、黏度及含砂率。

①当相对体积质量偏大时,泵的负荷增大,泵阀的磨损加快;相对体积质量偏小时,分离设备很难充分发挥工效,且产生废浆较多,废浆外运的成本较高。

②当黏度较低时,携渣能力差,泥膜质量较差,影响槽段安全;黏度较高时,影响分离设备的效果,刀盘上容易形成泥糊。

③含砂率是泥浆内所含的砂和黏土颗粒的体积百分比。泥浆含砂率大时,会降低铣槽贯入度,增加沉淀,容易磨损泥浆泵和钻锥等钻具。

通过试验分析,当泥浆质量指标控制为相对体积质量 1.05~1.15、黏度 20~25 s、含砂率 <4% 时,可以提高泥浆的携渣能力,减小岩石粉末和土层中的黏土附着在刀盘或已经形成的泥饼上的概率,并且可以化解初步形成的泥饼。

将后台滤砂滤泥设备改为离心设备进行泥水分离,可以降低泥浆中的含砂率,使循环浆质量得到提升,护壁、浮渣效果得到改善,还可以提高浆液的携渣能力,同时为地下连续墙后续工艺的施工提供保障。

(5)反转刀盘防结泥饼。

在进尺达到岩层一半时,停止掘进,将铣轮刀盘反转 1 min,避免长时间单方向旋转形成泥饼。当糊刀频繁时,每进尺 3~4 m 即可将铣轮刀盘反转。

(6)增大设备转矩,增强破岩能力。

在设备选型时,考虑含黏粒较多的泥质粉砂岩条件,适当选择大转矩铣槽机,增强破岩能力。一次贯入深度大,增大了岩渣块径,可预防刀盘结泥饼及减小糊刀盘的概率,提升铣槽机的有效作业时间。

(7)增大泵的功率,增强携渣能力。

在岩块直径增大、破岩效率增大的情况下,增大泥浆泵的功率,增强携渣能力,减少岩渣滞留,可有效防止结泥饼,在残渣少的工况下,进尺也能进一步加快。但在加大抽渣泵功率的同时,也要加大循环浆泵的功率使两者相匹配,以保证泥浆液面的高度满足相关规范要求。

2.3.4　优化施工工艺后的施工效果

(1)1 期地下连续墙成槽工艺调整后施工效果。

通过采用 2.3.3 小节的技术措施,并对刀盘、后配套泥浆处理设备进行更换,对泥浆指标进行调整,有效提高了成槽速度,降低了结泥饼的频率,成槽速度提升至

2 m/h,单幅平均成槽时间降低至 26.7 h,顺利完成了 1 期地下连续墙的施工。1 期第 16～30 幅地下连续墙成槽时间如图 2-8 所示。

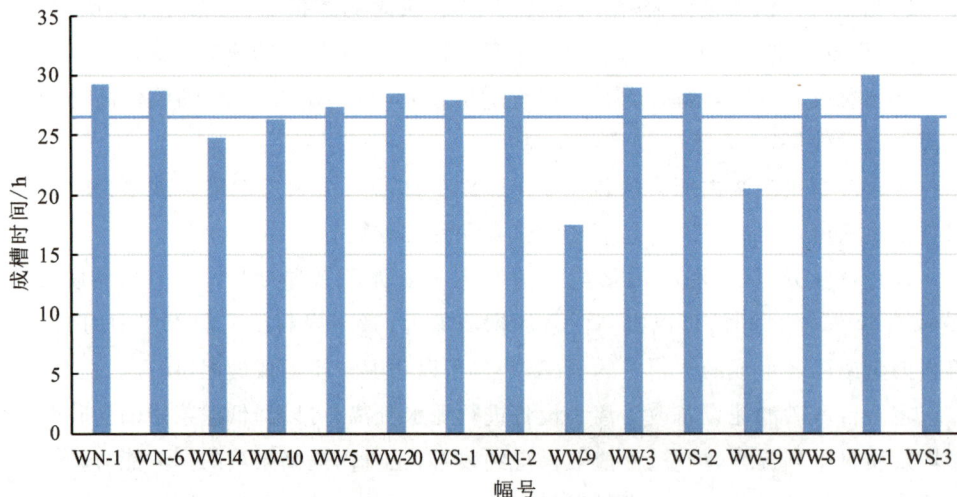

图 2-8　1 期第 16～30 幅地下连续墙成槽时间

(2)2 期地下连续墙成槽工艺调整后施工效果。

六眼井站 2 期地下连续墙施工前,具备再次选型的机会。结合南昌地区既有资源,主机更换为德国宝峨 BC40 铣槽机,施工作业如图 2-9 所示。2 期 37 幅地下连续墙成槽时间如图 2-10 所示。

意大利土力 SC-120 铣槽机与德国宝峨 BC40 铣槽机关键参数对比如表 2-4 所示。

表 2-4　　　　　　　　不同型号铣槽机关键参数对比

设备型号	扭矩/(kN·m)	质量/t	泥浆泵流量/(m³/h)	全车长度/m
意大利土力 SC-120	81	42.5	400	14.3
德国宝峨 BC40	100	38	500	12.5

经过对比,采用上海金泰 SG50 成槽机＋德国宝峨 BC40 铣槽机"抓铣结合"施工工艺,在铣槽机刀盘设置锥齿刀盘、后配套一致的情况下,德国宝峨 BC40 铣槽机能在更小的占地尺寸下拥有更大的转矩和泥浆运输能力,可以更好地适应南昌泥质粉砂岩地层,成槽速度提升至 2.75 m/h,单幅平均成槽时间缩短为 18 h,且单幅成槽时间稳定,与平均时间基本吻合。

图 2-9 德国宝峨 BC40 铣槽机施工作业

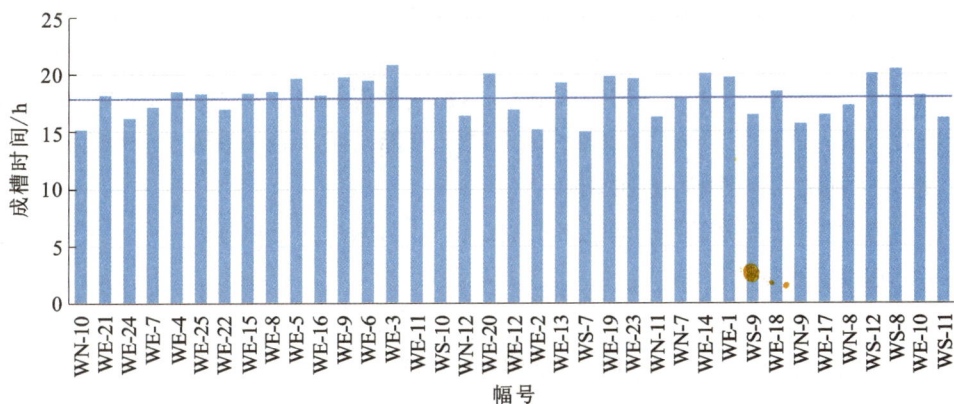

图 2-10 2 期 37 幅地下连续墙成槽时间

2.4 地下连续墙工字钢接头质量控制技术

地下连续墙施工时,将若干个槽段分别施工后连成一个整体,各槽段之间采用工字钢连接。因此工字钢接头成为保证地下连续墙整体性的关键环节,同时也是控制成墙质量的薄弱环节。本节从地下连续墙槽段混凝土浇筑时工字钢接头防绕流工艺和工字钢接头刷检结合工艺两方面介绍本工程采用的地下连续墙工字钢接头质量控制技术。

2.4.1　工字钢接头防绕流工艺

在地下连续墙混凝土浇筑时,工字钢接头处混凝土产生绕流的主要原因有:

(1)地下连续墙钢筋的保护层厚度一般为7cm,钢筋笼下放之后,预留的保护层成为混凝土绕流的通道,尤其是钢筋笼下放偏移时,有一边的预留量会加大,更容易造成混凝土绕流;

(2)粉质黏土、黏土、圆砾、粉砂、泥炭质土的交互层,以及圆砾层和粉砂层在开挖后自稳能力很差,易造成超挖,使得浇筑时混凝土沿工字钢侧边流过,形成绕流;

(3)浇筑混凝土时,工字钢处的砂袋填塞不够密实,砂袋间留有较大的空隙,浇筑时水泥浆液流过空隙形成绕流;

(4)工字钢顶部与冠梁底齐平,混凝土浇筑标高一般需超过设计标高30～50cm,当混凝土面浇筑至冠梁底后,再继续浇筑,混凝土会从工字钢上口流到工字钢背面,若工字钢背后填充不密实,将造成工字钢背后形成竖向绕流。

混凝土浇筑时,若不采取防绕流措施,水泥浆液将流过空隙,绕到工字钢腹板处,凝固后形成大的硬块,导致相邻槽段的混凝土不能与工字钢紧密结合,形成渗水通道,增大了基坑开挖涌水涌砂的风险。

为此,在本工程地下连续墙混凝土浇筑施工时,采取如下措施以避免水泥浆液绕到工字钢腹板后硬化结块:

(1)避免横向绕流。

①加宽止浆铁皮至1m,并沿工字钢通长布置;

②在工字钢翼板外侧通长焊接角钢,以减小工字钢和槽壁间隙;

③在工字钢腹板背后设置定型锁口箱,锁口箱后回填变形较小的碎石,保证锁口箱与工字钢密贴。

(2)避免竖向绕流。

①在工字钢底部焊接钢筋网并回填碎石袋,预防混凝土从工字钢底部绕流至工字钢腹板;

②钢筋笼下放完成后,在工字钢顶端增加接高工字钢,预防超灌混凝土从工字钢顶部绕流至工字钢腹板。

本工程采用的工字钢接头防绕流工艺施工流程如图 2-11 所示。

本工艺操作要点如下：

（1）机具就位。

工字钢加工机具到位后，加工时提前将下部角钢与工字钢焊接牢固，长度与工字钢长度一致，止浆铁皮准备到位。成槽快完成时将砂袋提前运送至槽边，以便钢筋笼下放完成后及时进行工字钢背后封堵，减少成槽后停留时间，确保槽壁稳定。槽段开挖完成后及时进行钢筋笼吊装及混凝土浇筑。

（2）工字钢及防绕流角钢焊接。

工字钢加工前将钢板按照设计图纸进行切割，将切割好的钢板置于设置好的模具上进行焊接，焊接时保证工字钢腹板与翼板的垂直度，避免后续进行拼接时出现错台。同时在工字钢单侧翼板上将 5 cm×5 cm 角钢焊接在翼板中部，长度比标准短节工字钢（6 m）略短，按 5.95 m 进行焊接，防止工字钢拼装时对接困难。

（3）钢筋平台优化。

工字钢放置拼接时需对钢筋平台进行优化，保证工字钢能够平稳放置且不影响对接（图 2-12）。在槽钢上切割适当大小的槽口，以便角钢能放置进去而不影响钢筋笼加工。槽钢切口下部使用钢筋进行连接，横向槽钢上使用钢筋加垫，使工字钢下部翼板面与上部槽钢面一致。

（4）工字钢拼接。

| 机具就位 |
| 工字钢及防绕流角钢焊接 |
| 钢筋平台优化 |
| 工字钢拼接 |
| 止浆铁皮施工 |
| 钢筋网片焊接 |
| 钢筋笼下放安装 |
| 碎石袋回填 |
| 锁口箱施工 |
| 钢筋笼顶工字钢接高 |
| 混凝土浇筑 |

图 2-11 工字钢接头防绕流
工艺施工流程图

工字钢拼接时将加工好的短节工字钢放置在钢筋平台上，逐个进行对接。首个短节工字钢放置平稳后，由吊车将要对接的工字钢放置在平台上，确保工字钢中心在一条轴线上，人工对接完成后先进行点焊固定，待固定后再对焊缝进行加强。为加强工字钢稳定性，在内侧使用钢筋进行帮焊。工字钢逐个焊接直至达到设计长度。然后将角钢焊接于工字钢上侧翼缘板的中部。

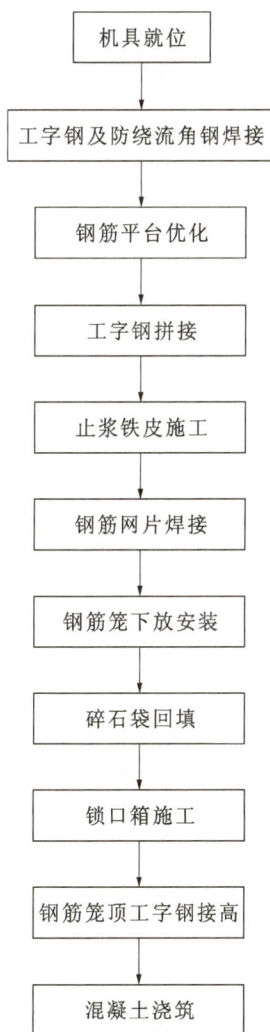

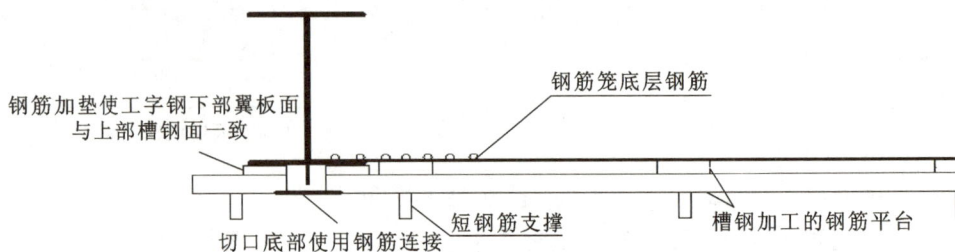

图 2-12　钢筋平台优化示意图

（5）止浆铁皮施工。

为减小混凝土从侧面绕流的概率，将止浆铁皮宽度由 0.5 m 增至 1 m。铁皮挠度柔性大，在工字钢吊装拼接时容易打折扭曲。在工字钢拼接后，第一道止浆铁皮放置于工字钢下侧翼缘板的上部，再进行分布筋的焊接，使止浆铁皮固定在工字钢上。示意图如图 2-13 所示。

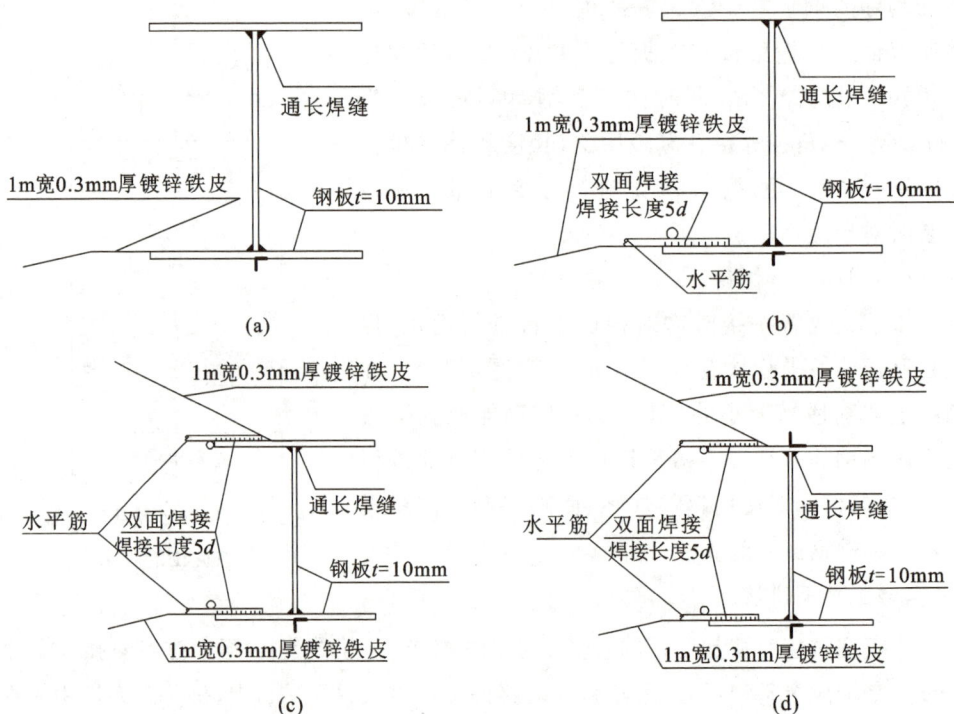

图 2-13　止浆铁皮施工示意图

(a)第一道止浆铁皮安装；(b)下层钢筋焊接；(c)第二道止浆铁皮安装；(d)上部角钢安装

注：d 为钢筋或焊件直径。

继续按设计加工钢筋骨架,完成钢筋的焊接后,在翼板上侧增加 5 cm×5 cm 等边角钢,减小钢筋笼与槽壁两端的间距。钢筋笼加工首先用吊车将工字钢平直放于上述钢筋平台之上,底部角钢提前与工字钢进行焊接,角钢卡在钢筋平台凹槽内。工字钢拼接时将腹板中心对齐,再进行焊接,确保焊缝饱满,不存在缝隙。翼板若存在错台,需采取措施使翼板平齐,确保工字钢成型后在同一条轴线上。工字钢拼接好以后,将止浆铁皮铺设于工字钢翼板上,铁皮之间需进行搭接,不得存在断裂或孔洞,以免混凝土从铁皮之间渗出而形成绕流。止浆铁皮布设完成后再进行钢筋绑扎,钢筋绑扎过程中需对钢筋笼宽度进行检查,确保在相关规范要求(±20 mm)范围内。钢筋笼加工需严格控制焊接质量,过程中对焊点进行详细检查,确保钢筋笼整体稳定性及吊装安全。上层钢筋加工完成后,将铁皮铺设在上层工字钢翼板上,用 5 cm×5 cm 等边角钢代替压边钢筋置于铁皮之上,再对角钢进行固定。

(6)钢筋网片焊接。

为保证地下连续墙深度,需控制成槽质量,然而成槽时易造成超挖,使工字钢接头底部与槽底之间形成空隙,浇筑混凝土时混凝土容易通过底部空隙绕流至外侧工字钢腹板,这时,需在已经做好的钢筋笼工字钢接头底部位置焊接与超挖深度相同的钢筋网片,用以防止碎石袋回填时挤入槽内,钢筋网与碎石袋结合施工,预防底部混凝土绕流。

成槽后对工字钢位置对应的槽深进行检测,根据工字钢下口到槽底的深度确定钢筋网片的长度,钢筋采用 C18 螺纹钢,与工字钢焊接部分需确保牢固,钢筋网网格尺寸为 200 mm×200 mm,确保碎石袋不会穿过网格进入槽内。钢筋笼起吊过程中注意对钢筋网进行保护,避免钢筋笼底部与地面摩擦造成钢筋网片损坏。工字钢下增加钢筋网,示意图如图 2-14 所示。

(7)钢筋笼下放安装。

钢筋笼下放时确保钢筋笼在槽壁中间,与槽壁两侧距离相等,避免因一侧空隙过大造成混凝土从该处绕流,吊车下放时需对准槽口缓慢下放,施工人员手扶钢筋笼确保钢筋笼稳定下放,避免下放过程中钢筋笼触碰槽壁,造成槽壁坍塌,形成混凝土横向绕流通道。

(8)碎石袋回填。

工字钢两侧采用碎石袋进行回填,回填高度 3～5 m。装碎石袋时要确保碎石袋宽度小于地下连续墙超挖宽度,避免碎石袋卡在工字钢与槽壁之间形成孔洞,从而造成混凝土绕流。碎石袋运送至槽口后,由人工从两侧同时向下投送碎石袋,避免由于

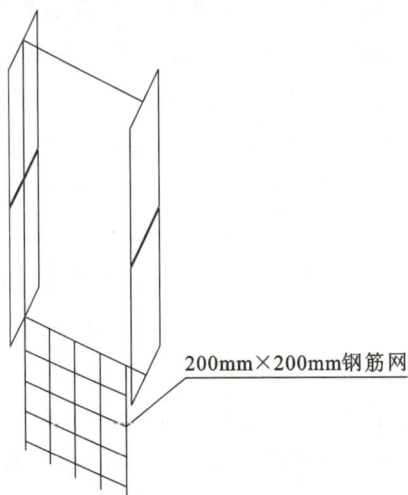

200mm×200mm钢筋网

图 2-14   工字钢下增加钢筋网示意图

两侧高度不均匀造成工字钢倾斜。碎石袋投送过程中,现场值班人员需多次对碎石袋上升高度进行复核,确保碎石袋回填密实,然后在上部安装锁口箱。

(9)锁口箱施工。

钢筋笼两侧底部碎石袋投送完成后,开始在工字钢两侧使用密贴性锁口箱进行固定,锁口箱下放时需对下部碎石袋进行轻度夯实,避免夯实过重对工字钢造成挤压使工字钢倾斜。锁口箱使用吊车进行分节吊装,拼接完成后由吊车垂直下放,并使锁口箱与工字钢腹板密贴。1 m 厚地下连续墙工字钢宽度为 84 cm,锁口箱尺寸插入工字钢翼板内宽度为 73 cm,恰能保证锁口箱与工字钢密贴并顺利下放。锁口箱安装到位后,在锁口箱背后回填不易变形的碎石袋,并及时测量碎石袋上升高度,根据投入碎石袋方量计算出上升高度,判定碎石袋是否卡在锁口箱与槽壁缝隙内,避免产生空隙造成混凝土绕流至工字钢腹板背后,锁口箱施工示意图见图 2-15。

(10)钢筋笼顶工字钢接高。

工字钢顶部与冠梁底齐平,混凝土浇筑标高一般需超过设计标高 30～50 cm,当混凝土面浇筑至冠梁底后,再继续浇筑,混凝土会从工字钢上口流到工字钢背面,若工字钢背后填充不密实,将造成工字钢背后形成竖向绕流。保险起见,在工字钢腹板上口焊上两根定位钢筋,将一根短节工字钢卡在中间,工字钢加长后混凝土无法形成流动通道,可以避免形成竖向绕流,见图 2-16。待混凝土浇筑完成 2 h 后,将接高工字钢拔出,作循环使用。

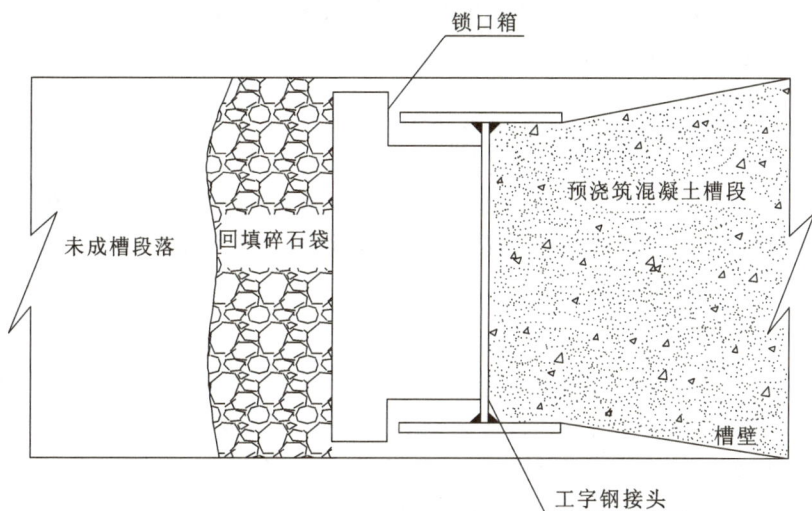

图 2-15　锁口箱施工示意图

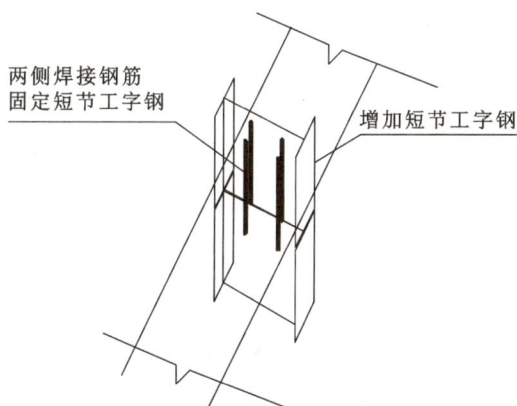

图 2-16　钢筋笼顶工字钢接高示意图

(11)混凝土浇筑。

　　钢筋笼下放完成后,需及时浇筑混凝土,间隔时间一般不得超过 4 h,防止槽壁因时间过长而坍塌。下放导管时检查导管之间的间距,标准幅导管之间的间距一般为 3 m,与两侧间距为 1.5 m,确保混凝土浇筑时能够均匀上升。浇筑时两侧应保持相同速度,防止因两侧混凝土高差过大而造成工字钢倾斜,形成底部绕流通道。混凝土浇筑应连续进行,因故中断时,中断时长不得超过 30～40 min。槽孔混凝土上升速度不得小于 3.0～3.5 m/h。末批混凝土浇筑时应适当放慢速度,复合探测混凝土浇筑面。至混凝土面高出设计墙顶 30～50 cm 时停止浇筑。

2.4.2 工字钢接头刷检结合工艺

地下连续墙的刷壁工序为地下连续墙施工的关键工序,该工序直接影响地下连续墙防渗性能的好坏,刷壁不到位易造成地下连续墙工字钢接头夹泥、夹渣,形成渗水通道,影响整个基坑的施工安全。因此提出地下连续墙工字钢接头刷检结合工艺以确保地下连续墙接头质量。

该工艺的基本原理为:地下连续墙工字钢接头刷壁之前利用超声波探测仪对要进行刷壁的工字钢接头进行探测,确定工字钢绕流、黏结泥皮的准确位置,确定工字钢是否倾斜、倾斜方向及倾斜大小。根据超声波探测的结果,针对上述不同的工况,采用针对性的方案,使用成槽机抓斗刷壁器进行刷壁,刷壁完成后再次利用超声波探测仪对该工字钢接头刷壁质量进行复测,确保刷壁合格以保证地下连续墙接头质量。

该工艺主要分为三部分:

①成槽完成后(刷壁之前)对工字钢进行超声波检测;

②根据检测结果利用成槽机抓斗刷壁器对工字钢接头进行刷壁;

③对工字钢接头进行超声波复测。

整体施工流程如图 2-17 所示。

该工艺操作要点如下:

(1)施工准备。

成槽机成槽完成后,将槽段导墙两侧泥浆冲洗干净,对成槽段落两侧进行防护;通知测壁技术员提前到位,将超声波探测仪(图 2-18)接通电源进行调试。同时成槽机司机与工人配合,将刷壁器安装在成槽机抓斗上(图 2-19),安装完成后确定是否安装牢固。施工前要对刷壁器进行检查,保证刷壁器刷毛完整。

(2)利用超声波探测仪对工字钢接头进行第一次探测。

地下连续墙成槽完成后,使用超声波探测仪对工字钢进行第一次探测。超声波探测仪距离工字钢接头 50 cm,探测仪自槽口至槽底一次探测成型,形成纸质探测记录。施工时,某次探测结果如图 2-20 所示。

(3)对测壁结果进行分析。

由图可知,在刷壁之前,工字钢接头内黏附着泥团或绕流混凝土(图中圆圈部分),因而采取具有针对性的刷壁方法显得尤为重要。

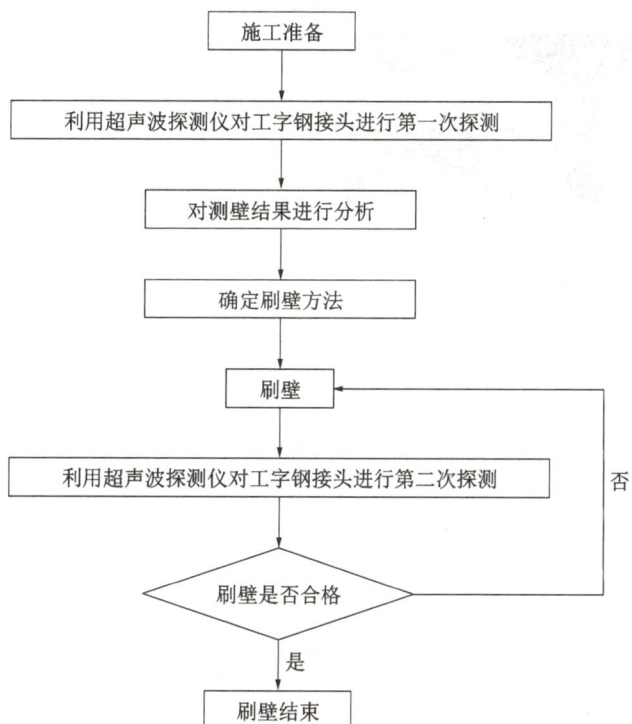

图 2-17 工字钢接头刷检结合工艺流程图

图 2-18 超声波探测仪

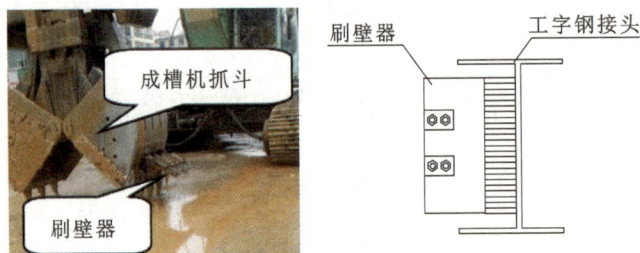

图 2-19　成槽机抓斗刷壁器示意图

(4)确定刷壁方法。

依据探测结果,根据工字钢自上而下的倾斜程度,将工字钢接头分为三类:正常的工字钢(没有发生倾斜)、向槽内倾斜的工字钢、向槽外倾斜的工字钢。

①正常的工字钢。

一般情况下工字钢接头都是正常的工字钢,工字钢自上而下偏移量很小($-5\ cm \leqslant$ 偏移量 $d \leqslant 5\ cm$,向内侧倾斜为负值,向外侧倾斜为正值)。经测量,成槽机刷壁侧油管(以下简称油管)距离刷壁器外端 1.1 m,当工字钢接头垂直度良好时,刷壁过程中控制油管与工字钢接头的距离为 1.1 m,从而达到刷壁器与工字钢良好密贴的效果。图 2-21、图 2-22 分别为正常的工字钢的探测结果和刷壁示意图。

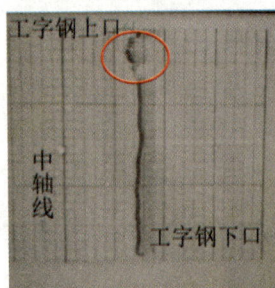

图 2-20　工字钢
探测结果

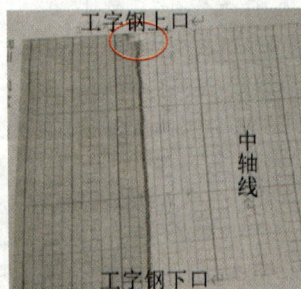

图 2-21　正常的工字钢
探测结果

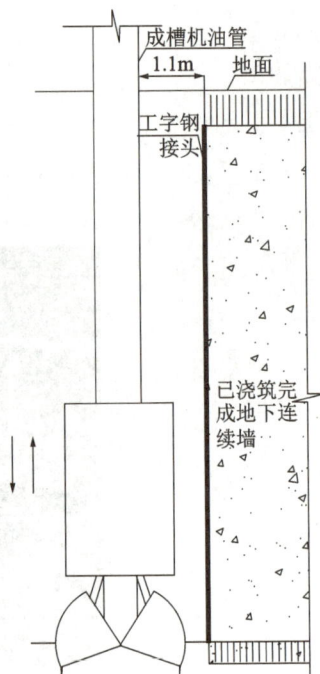

图 2-22　正常的工字钢
刷壁示意图

②向槽内倾斜的工字钢。

工字钢向槽内倾斜（－10 cm≤偏移量 d≤－5 cm）主要是因为工字钢接头那幅地下连续墙的钢筋笼在下放过程中产生了位移或者在混凝土浇筑过程中发生了偏移。由于工字钢底部向槽内偏移，顶部位置正常，在刷壁时，刷壁器在工字钢顶部时要和工字钢密贴，利用成槽机抓斗的自重作用向下移动进行刷壁，向下刷壁的过程要控制油管与工字钢的距离在（1.1 m＋d）以内，从而达到良好的刷壁效果。图 2-23、图 2-24 分别为向槽内倾斜的工字钢的探测结果和刷壁示意图。

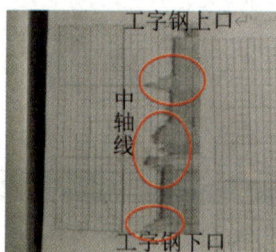

图 2-23　向槽内倾斜的
工字钢探测结果

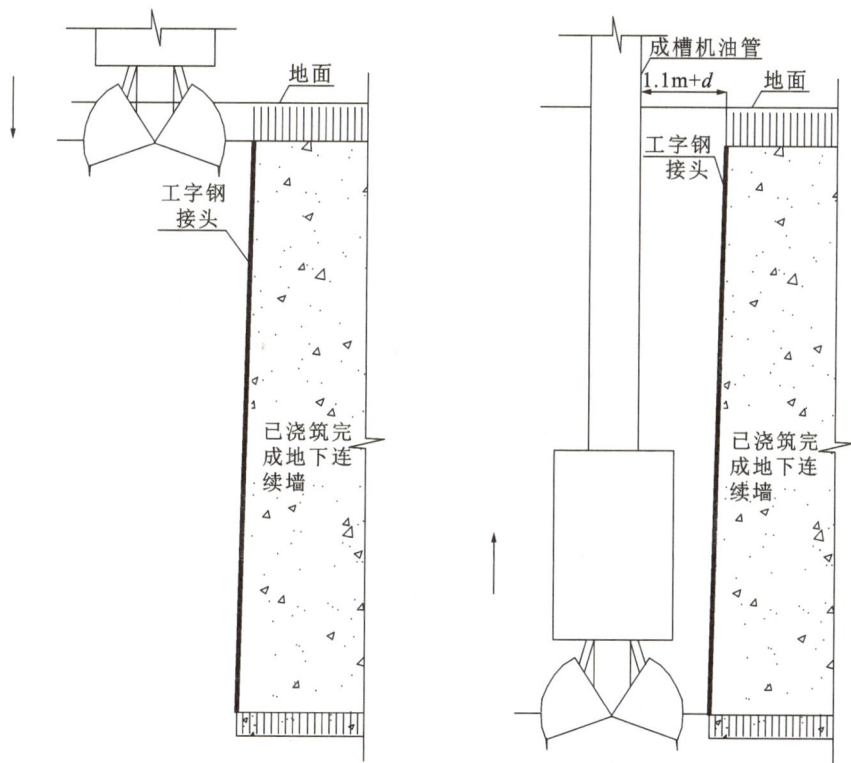

图 2-24　向槽内倾斜的工字钢刷壁示意图

③向槽外倾斜的工字钢。

工字钢向槽外倾斜（5 cm≤偏移量 d≤10 cm）的原因和向槽内倾斜的原因类似。工字钢向槽外倾斜时，在工字钢底部油管和工字钢的距离为（1.1 m－d），此时底部

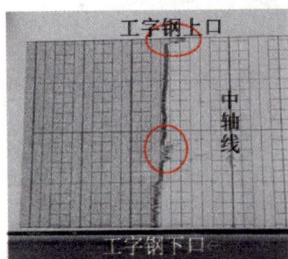

图 2-25 向槽外倾斜的
工字钢探测结果

刷壁器和工字钢正好密贴,在刷壁器上提的过程中利用工字钢上口向槽外偏移的倾斜度可以保证刷壁器与工字钢的密贴效果良好,保证刷壁质量。图 2-25、图 2-26 分别为向槽外倾斜的工字钢的探测结果和刷壁示意图。

(5)刷壁。

刷壁前检查刷壁器刷毛完好,无分叉现象;刷壁过程要缓慢,保证刷毛和型钢密贴;刷壁器每次提上来以后都需要人工将刷毛上的泥巴石块清理干净,注意要将泥巴和石块清理到槽外。反复刷壁直到刷毛上无泥巴和石块,才能视为刷壁完成。图 2-27 为现场刷壁图。

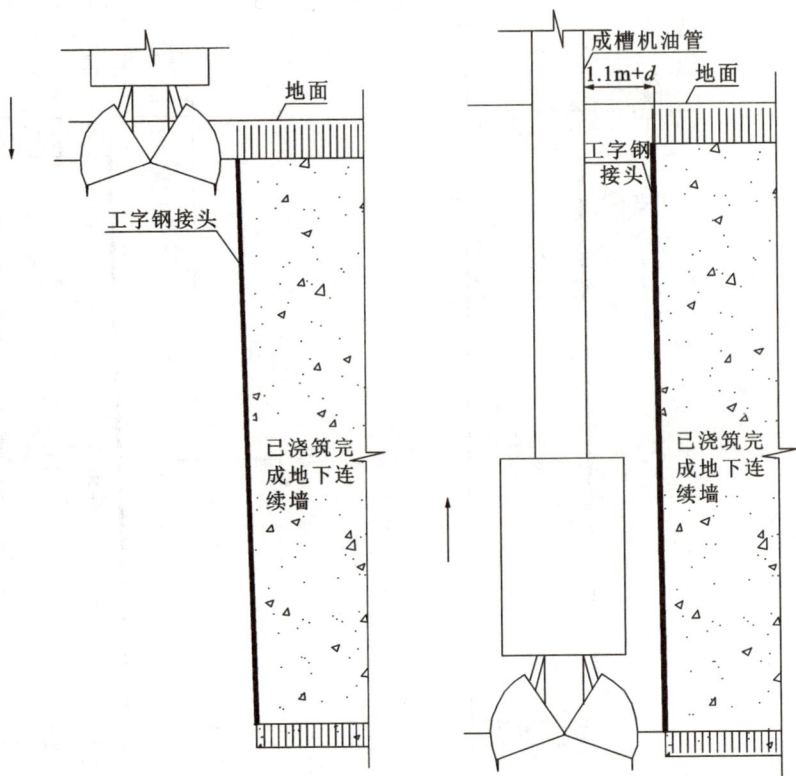

图 2-26 向槽外倾斜的工字钢刷壁示意图

(6)利用超声波探测仪对工字钢接头进行第二次探测。

刷壁完成后,利用超声波探测仪对工字钢进行二次探测,如探测结果为工字钢画线笔直而清晰,没有鼓出和不清晰的波纹,则说明工字钢接头已经清理到位,表面已

(a)   (b)

图 2-27　现场刷壁

(a)刷壁开始;(b)刷壁结束

无泥巴和块石,表明刷壁合格;如探测结果和第一次测壁结果极为相似或者工字钢画线有明显的鼓出和不清晰的波纹,说明工字钢接头内仍然有泥巴或者石块,刷壁不彻底,需要进行重新刷壁,且刷壁完成后应再次进行超声波复测,直至刷壁合格为止。图 2-28 为刷壁合格的工字钢探测结果。

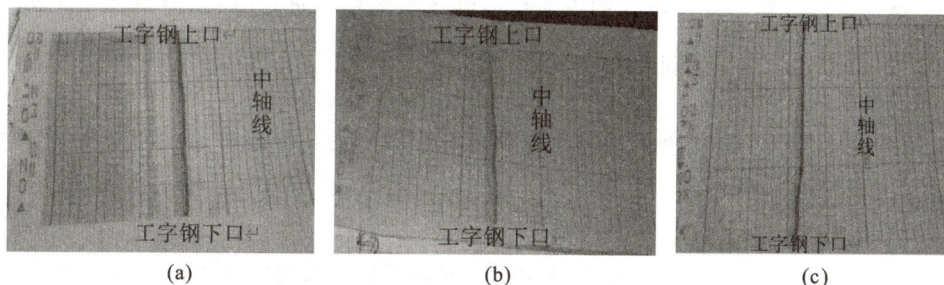

(a)   (b)   (c)

图 2-28　工字钢刷壁合格的探测结果

(a)正常的工字钢;(b)向槽内倾斜的工字钢;(c)向槽外倾斜的工字钢

2.4.3　施工效益分析

(1)经济效益。

本工程采用地下连续墙工字钢接头防绕流工艺,大大减小了地下连续墙混凝土浇筑过程中绕流的概率,降低了基坑开挖的风险,缩短了工字钢接头处理的时间,地下连续墙施工减少了近1/3的工期,总工期大约缩短 1 个月;节约项目管理成本 140万元、成槽机租赁费用 15 万元、吊车租赁费用 6 万元;基坑开挖后未出现墙缝渗漏点,无须大量使用快干水泥、封堵钢板等一系列堵漏材料。此外,节省缺陷处理费用20万元,合计181万元,产生了良好的经济效益。

采用刷壁和测壁相结合的新工艺后,有效保证了工字钢接头的刷壁质量,极大避免了后期基坑开挖墙缝渗漏水的问题,大幅节省了地下连续墙墙缝二次注浆的费用。

(2)社会效益。

基于本工程实践提出的地下连续墙工字钢接头混凝土浇筑防绕流工艺和工字钢刷壁及测壁工艺均为保证地下连续墙接头质量控制的有力措施,旨在进一步提升地下连续墙施工过程中的质量标准,降低由地下连续墙施工缺陷造成基坑涌水涌砂的风险,保证地面以及地面附着物在基坑开挖过程中的稳定,避免因基坑施工对社会造成负面影响。本工程所采用的地下连续墙工字钢接头质量控制技术可为地下连续墙施工提供参考,具有良好的社会效益。

2.5 本章小结

本章通过对南昌地区较厚的泥质粉砂岩地层的性状进行分析,对成槽工艺进行了比选,提出了泥质粉砂岩地层地下连续墙快速施工工艺。此外,基于工程实践提出了双重控制地下连续墙工字钢接头质量的施工工艺。主要结论如下:

(1)基于对施工场地地下连续墙成槽段底部较厚的泥质粉砂岩地层工程特性的分析,对该地层下的地下连续墙施工工艺进行了比选,初步采用双轮铣槽机进行地下连续墙成槽作业。

(2)针对采用双轮铣槽机施工后成槽速度远低于预期速度的工程实际,分析了其原因,并在充分调研现有岩层成槽设备性能的基础上,选取上海金泰 SG50 成槽机 + 德国宝峨 BC40 铣槽机,采用"抓铣结合"施工工艺,并配以锥齿刀盘,采用上软下硬地层地下连续墙快速施工工艺,极大增强了铣槽机破岩能力及泵的出渣能力,大大降低了刀盘结泥饼的概率,加快了施工进度,解决了南昌地区泥质粉砂岩双轮铣槽机结泥饼、糊刀盘等影响成槽工效的难题,形成了适应南昌地区泥质粉砂岩地层的地下连续墙快速成槽施工技术。

(3)针对地下连续墙施工时相邻槽段间工字钢接头的质量控制问题,分别提出了地下连续墙混凝土浇筑时工字钢接头防绕流工艺和工字钢接头刷检结合工艺,保证了地下连续墙接头质量,解决了地下连续墙接头渗漏水隐患。

第 3 章　复杂敏感环境下地下连续墙施工安全控制技术研究

3.1　SMW工法桩施工对邻近建筑物影响的数值分析

3.1.1　计算原理及方法

六眼井站采用的围护结构形式是SMW工法桩。SMW工法桩是直接把水泥类悬浊液就地与切碎的土砂混合,相较于连续墙或钻孔灌注桩,其施工对地层的扰动较小。但由于在水泥土硬化前期,水泥土的流塑状态在一定程度上降低了原状土的强度与稳定性,若作为一种基坑与邻近建筑物之间的加固措施,SMW工法桩的这一性状在基坑施工前期就会造成邻近建筑物的变形,尤其是六眼井站位于老城区繁华地段,建筑物与基坑之间的距离很短。可以预见的是,由于水泥土早期强度较低,长距离、大范围的连续施工势必加剧对邻近地层的扰动,从而在基坑施工前期就会影响邻近建筑物的安全。因此有必要对SMW工法桩施工方案进行合理的计算分析,给出连续施工和不同跳仓间距施工对周边土体的扰动的评价。

有限单元法是求解复杂岩土力学问题的比较有效的数值分析方法,它在地下工程中的应用已十分广泛,在各种数值分析方法中占据主导地位。有限单元法就是把具有无限个自由度的连续体理想化为有限个自由度的单元集合体,然后利用数值分析进行近似计算。因此,只要确定了单元的力学特性,就可按结构分析的方法求解地下工程问题,最后得到一组以节点位移为未知量的代数方程组,应用现成的计算方法,即可得到在节点处的位移值,进而探究地下工程施工的规律。具体理论可参考相关资料,此处不再赘述。

为尽可能接近工程实际,模拟整个施工过程中的力学机理,本次计算采用大型商用有限元软件ABAQUS对六眼井站SMW工法桩进行三维建模,重点关注施工过程中周围土体的位移变化,从而对不同跳仓间距施工安全性做出评估。

3.1.2　计算模型的建立

基于提高计算效率考虑,对模型进行了对称简化分析,对称面为$Y=0$(工法桩长度方向是X方向,厚度方向是Y方向,深度方向是Z方向),计算模型尺寸为36 m×18.425 m×40 m,共包含43200个单元和47824个网格点。并按照不同的土层性质对整个土体进行了分层。为了方便划分网格,把一幅 SMW 工法桩简化为 18 m×0.85 m×1.8 m 的长方体,共 20 幅,其中,由于对称简化,工法桩在模型中的宽度为0.425 m,见图 3-1。

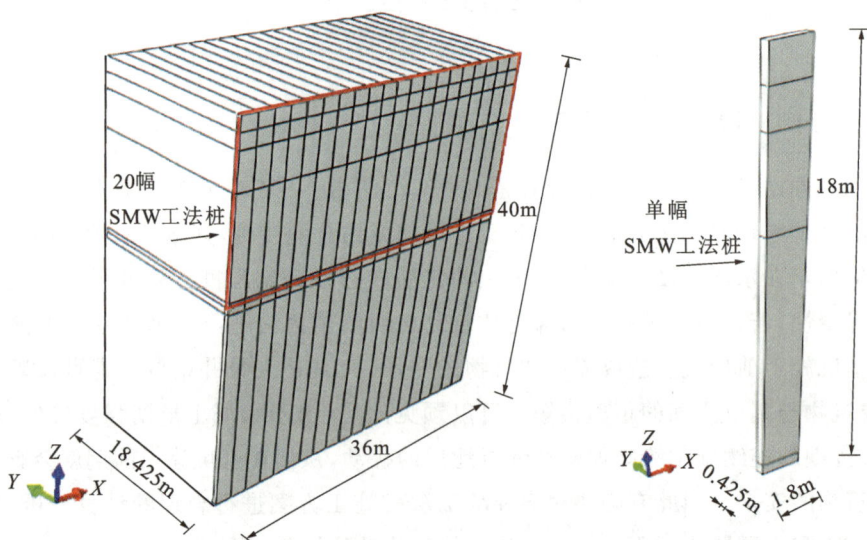

图 3-1　南昌地铁 3 号线六眼井站 SMW 工法桩施工计算模型

模型中,Y＝0 面为对称约束,即约束法向位移及两个转角,地表为自由面,其他四个边界面约束法向位移。

3.1.3　材料参数选取

(1)土体参数。

土体本构模型选用 Mohr-Coulomb(莫尔-库仑)模型,选取基坑开挖范围内分布较广的土层为代表,简化其他较少的土层,根据南昌地铁 3 号线六眼井站地质情况,选取地质勘察结果,土体具体计算参数选取见表 3-1。

表 3-1　　　　　　　　　　　　　土体主要物理力学性能指标

地层	层厚 h/m	容重 γ/ (kN/m^3)	弹性模量 E/MPa	泊松比 ν	黏聚力 c/kPa	摩擦角 φ/(°)	静止侧压力系数 K_0
杂填土	1.5	19	6.8	0.36	10	12	0.56
粉质黏土	1.6	18.8	19.4	0.4	40	16	0.67

续表3-1

地层	层厚 h/m	容重 γ/ (kN/m^3)	弹性模量 E/MPa	泊松比 ν	黏聚力 c/kPa	摩擦角 φ/(°)	静止侧压力系数 K_0
细砂	3.9	19.4	19.2	0.35	0	30	0.53
砾砂	10.5	19.8	28.6	0.32	0	35	0.47
强风化泥质粉砂岩	1.2	20.0	3000	0.3	200	35	0.43
中风化泥质粉砂岩	21.3	23.5	3510	0.28	470	37	0.39

(2)水泥土桩参数。

水泥土具有良好的止水性能,有关其强度理论的研究不多,所以参数选取比较困难。根据工程经验,其物理力学特性与混凝土有很多相似的地方,可以将其视作强度较低的混凝土。水泥土硬化过程采用线弹性实体单元进行模拟,土体与桩体间设置接触面,采用变弹性模量的方法来模拟其硬化过程,水泥土最终取弹性模量 $E=40$ MPa,泊松比 $\nu=0.3$。本模型主要研究的是水泥土流塑状态下凝结硬化的过程,此状态下水泥土和型钢之间黏结力不强,所以未考虑型钢的作用。

本书将水泥土桩与地下连续墙进行等效分析,这样有利于有限元软件中模型的建立和网格的划分。因为水泥土搅拌桩虽然由单个桩体并成,但其受力形式与地下连续墙是类似的,且围护结构桩顶加上冠梁加强了桩体的整体性。以往的经验表明,按等价的壁式地下连续墙设计,结果是偏于安全的、合理的。本工程水泥土搅拌桩直径 D 为 850 mm,桩间距 t 为 600 mm,长 18 m,此模型中把一幅 3 根水泥土桩等价成长度为 1800 mm、厚度为 850 mm 的地下连续墙,SMW 工法桩尺寸示意图如图 3-2 所示。

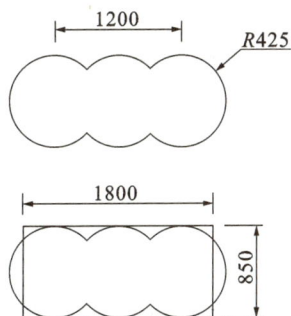

图 3-2　SMW 工法桩尺寸示意图(单位:mm)

3.1.4 土体-桩体接触关系

物体之间的接触无处不在,SMW 工法桩在开挖过程中,土体和桩体会产生相互作用,两者相互挤压、摩擦,变形协调,最终达到平衡。不同的接触关系会产生不同的力学效果,接触关系准确与否将会对数值计算的精度造成一定影响。

有限元软件在水泥土桩与土体之间设置接触面,接触面的法向相互作用采用"hard"接触关系;水泥土桩与土体接触面的切向相互作用采用经典的库仑摩擦模型。库仑摩擦模型中的摩擦系数,可以仿照库仑土压力理论求外摩擦角的方法来确定。具体的计算公式为:

$$\mu = \tan\delta \tag{3-1}$$

式中,μ 为摩擦系数;δ 为外摩擦角,取值方法见表 3-2。

水泥土桩与土体之间几乎不滑动,所以取 $\delta = \varphi$。根据与水泥土桩接触的各层土体内摩擦角的加权平均值,算出 $\mu = 0.58$。考虑到库仑土压力理论仅适用于理想的散粒体,未计算土体的黏聚力,本书模型中 μ 取 0.60。

表 3-2   **水泥土桩和土体的外摩擦角**

水泥土桩情况	外摩擦角
桩背光滑,排水不良	$(0.00 \sim 0.33)\varphi$
桩背粗糙,排水良好	$(0.33 \sim 0.50)\varphi$
桩背很粗糙,排水良好	$(0.50 \sim 0.67)\varphi$
桩背与土体之间几乎不滑动	$(0.67 \sim 1.00)\varphi$

注:φ 为土体内摩擦角。

3.1.5 施工过程模拟及工况设置

数值模拟仿真过程可分为如下几个阶段:泥浆护壁开挖、灌注水泥土、水泥土硬化。计算模拟步骤如下:

(1)初始自重应力场的构建。通过初步计算将单元位移清零,作为步骤(2)分析的初始条件。

(2)泥浆护壁开挖。用单元"死"(inactive)模拟开挖过程的同时,施加泥浆压力,将泥浆重度设为 $10\ kN/m^3$,随深度线性分布施加在开挖暴露面上,包括槽底压力,泥浆压力 σ 分布如图 3-3 所示。

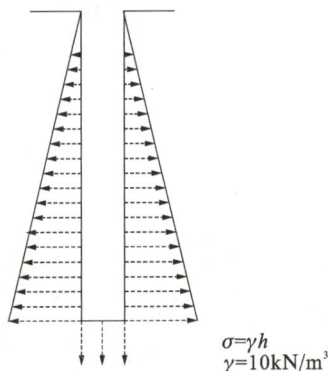

$$\sigma = \gamma h$$
$$\gamma = 10 \text{kN/m}^3$$

图 3-3 泥浆压力分布

(3)灌注水泥土。本模型不考虑水泥土灌注过程,取灌注完成那一刻,用单元"生"(active)激活水泥土桩,赋予其较低强度的参数,并在土体与桩体间设置接触面。

(4)水泥土硬化。水泥土硬化过程采用线弹性实体单元进行模拟,采用变弹性模量的方法来模拟其硬化过程,水泥土最终取弹性模量 $E=50$ MPa,泊松比 $\nu=0.3$。

为了模拟 SMW 工法桩连续施工及跳仓间距施工的情况,先对 20 幅工法桩进行编号,并设置不同的工况,如图 3-4 所示。

1	2	3	4	5	......	15	16	17	18	19	20

图 3-4 SMW 工法桩编号

(1)连续施工,按编号为 1,2,3,4,5,6,7,8,9,10,11,12,13,14,15,16,17,18,19,20 的顺序施工。

(2)跳仓 1 幅施工,按编号为 1,3,2,5,4,7,6,9,8,11,10,13,12,15,14,17,16,19,18,20 的顺序施工。

(3)跳仓 2 幅施工,按编号为 1,4,7,10,13,16,19,2,3,5,6,8,9,11,12,14,15,17,18,20 的顺序施工。

(4)跳仓 3 幅施工,按编号为 1,5,9,13,17,2,4,3,6,8,7,10,12,11,14,16,15,18,20,19 的顺序施工。

3.1.6 数值计算结果分析

在建立模型,选取适当的参数,并设置相应的施工顺序之后,可以得到 SMW 工法桩周边土体在水平和竖直方向上的位移,为了更好地分析不同工况对周围环境的影响,设置 5 个参考指标,其中一是土体最大沉降,二是位于 SMW 工法桩中间距离桩壁 2 m 处的地表沉降,其余为 3 条位移测线的变形。X—X 测线为距 SMW 工法桩 2 m 处与 X 轴平行的纵向地表沉降线;Y—Y 测线为位于模型中垂面上与 Y 轴平行的横向地表沉降线;Z—Z 测线为位于工法桩中垂面上,距 SMW 工法桩 2 m 处与 Z 轴平行的水平位移线。如图 3-5 所示。

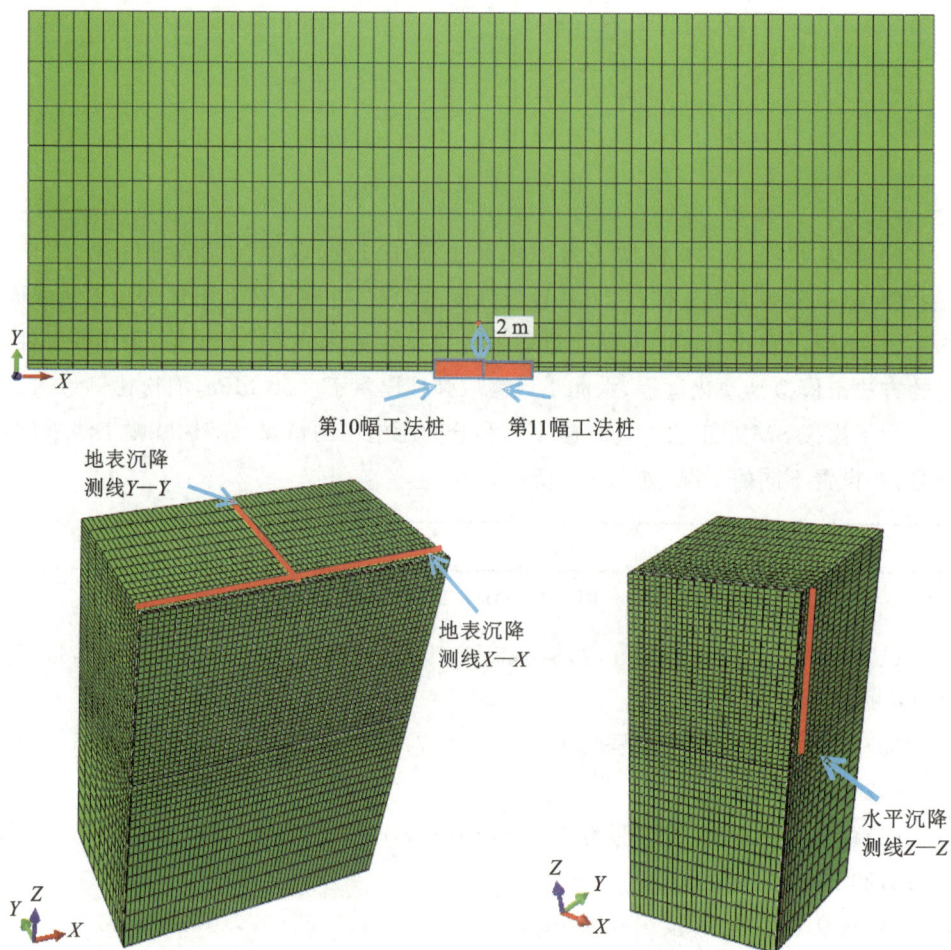

图 3-5　测点、测线布置图

(1)土体最大沉降。

图 3-6 给出了 SMW 工法桩连续施工、跳仓 1 幅施工、跳仓 2 幅施工、跳仓 3 幅施工的沉降情况。

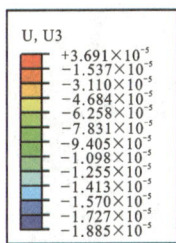
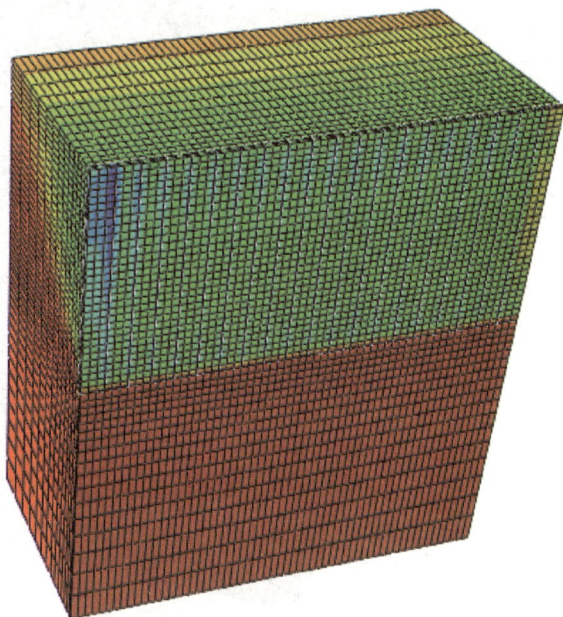

(a)

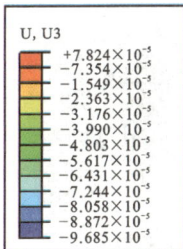
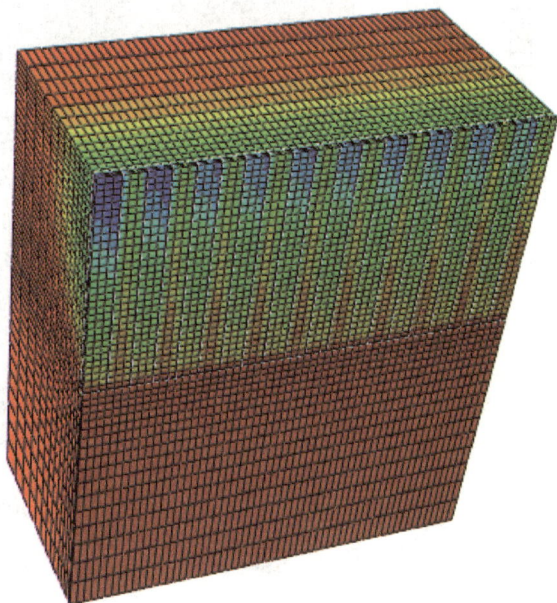

(b)

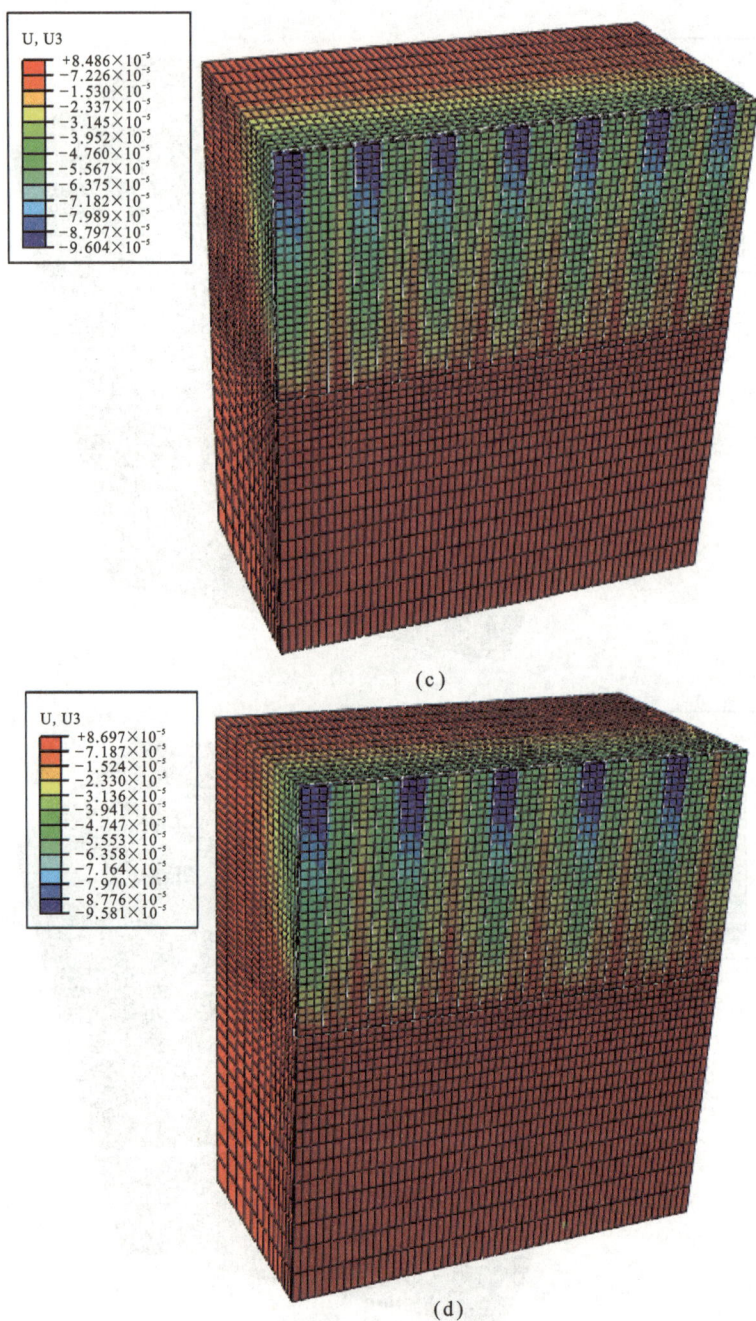

U, U3
+8.486×10⁻⁵
−7.226×10⁻⁵
−1.530×10⁻⁵
−2.337×10⁻⁵
−3.145×10⁻⁵
−3.952×10⁻⁵
−4.760×10⁻⁵
−5.567×10⁻⁵
−6.375×10⁻⁵
−7.182×10⁻⁵
−7.989×10⁻⁵
−8.797×10⁻⁵
−9.604×10⁻⁵

(c)

U, U3
+8.697×10⁻⁵
−7.187×10⁻⁵
−1.524×10⁻⁵
−2.330×10⁻⁵
−3.136×10⁻⁵
−3.941×10⁻⁵
−4.747×10⁻⁵
−5.553×10⁻⁵
−6.358×10⁻⁵
−7.164×10⁻⁵
−7.970×10⁻⁵
−8.776×10⁻⁵
−9.581×10⁻⁵

(d)

图 3-6　SMW 工法桩施工沉降云图

(a)连续施工；(b)跳仓 1 幅施工；(c)跳仓 2 幅施工；(d)跳仓 3 幅施工

由以上沉降云图可知：

①连续施工情况下土体沉降更大，最大值为 18.85 mm，出现在第 1 幅和第 2 幅工法桩之间；跳仓施工情况下总体沉降较小，但不同跳仓距离的最大沉降相差不大，其中跳仓 1 幅最大沉降为 9.68 mm，跳仓 2 幅为 9.6 mm，跳仓 3 幅为 9.58 mm，较连续施工沉降减少近 100%。

②连续施工时，不同桩之间沉降差异不明显；而跳仓施工时，由于先行施工的工法桩强度逐渐增强，后施工的工法桩沉降减小，甚至在桩体底部出现略微隆起，沉降不足 1 mm。

（2）SMW 工法桩中间地表沉降。

图 3-7 给出了 SMW 工法桩连续施工、跳仓施工引起的第 10、11 幅工法桩中间距离桩壁 2 m 处的沉降趋势，横坐标为施工顺序，"ex＋数字"代表对某幅工法桩施工，后面亦同。由图 3-7 可知：

①每幅工法桩施工都使得测点的地表沉降持续增加，连续施工和跳仓 1 幅施工沉降趋势呈"Z"字形，而跳仓 2 幅、3 幅施工由于施工的往返性，沉降呈"双 Z"形，说明模型的建立符合现场施工情况。

②越靠近测点施工，沉降增加的速率就越快，其中连续施工沉降增幅最大为 1.82 mm，跳仓施工沉降增幅最大不足 1 mm。且连续施工测点最终沉降较跳仓施工更大，为 10.02 mm，不同跳仓距离的最大沉降相差不大，均为 4 mm 左右。

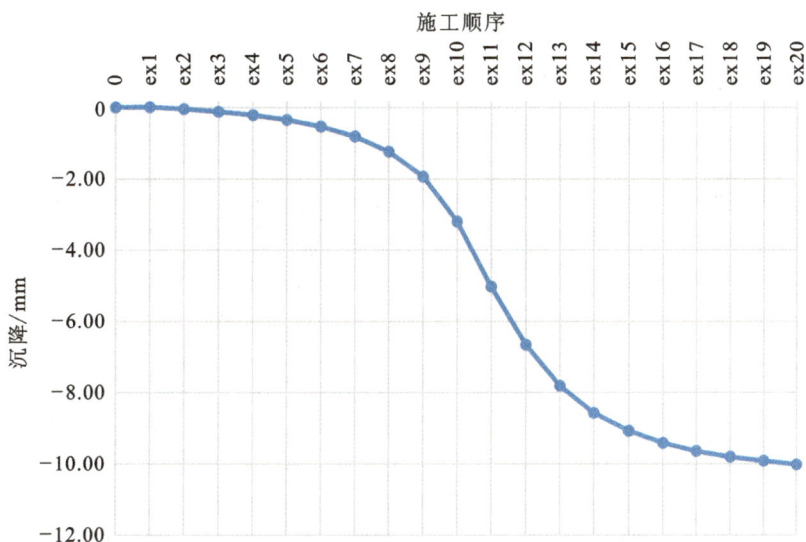

(a)

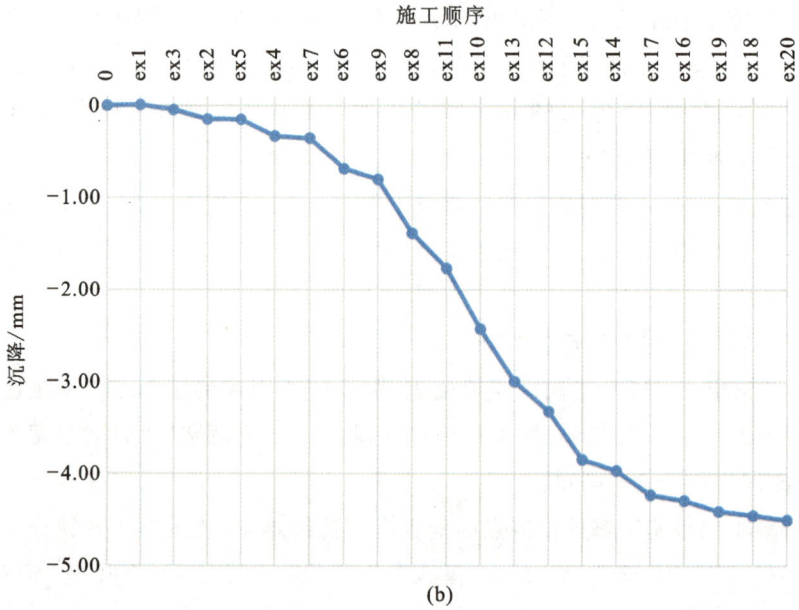

(b)

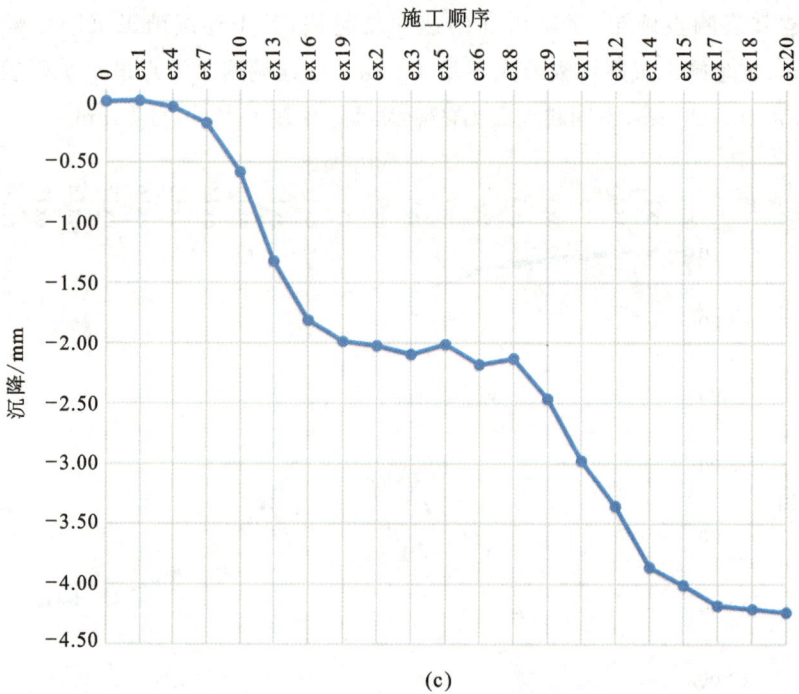

(c)

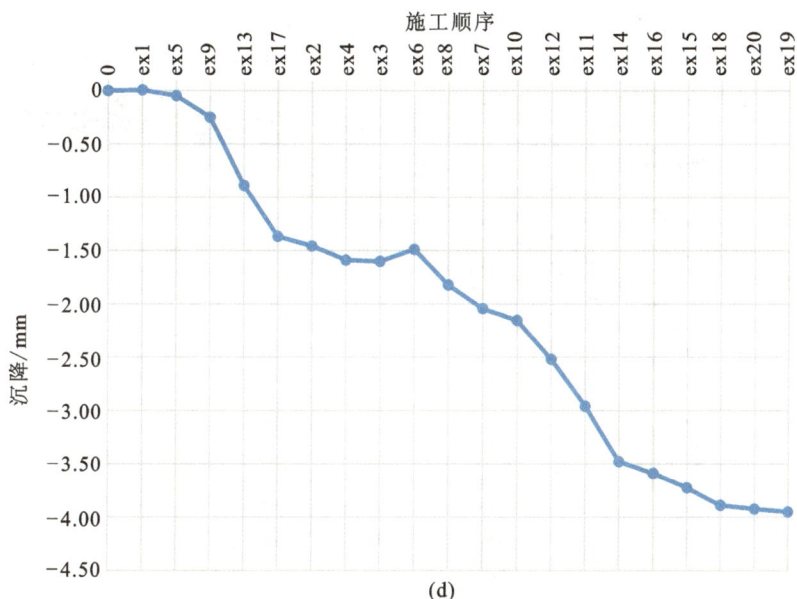

(d)

图 3-7　SMW 工法桩中间距离桩壁 2 m 处地表沉降曲线图

(a)连续施工；(b)跳仓 1 幅施工；(c)跳仓 2 幅施工；(d)跳仓 3 幅施工

（3）Y—Y 横向地表沉降。

横向地表沉降趋势见图 3-8。

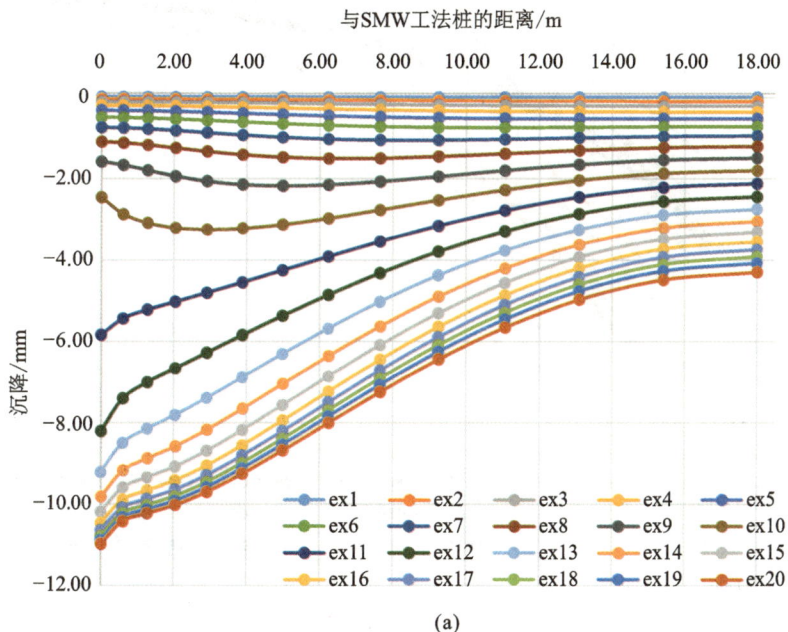

(a)

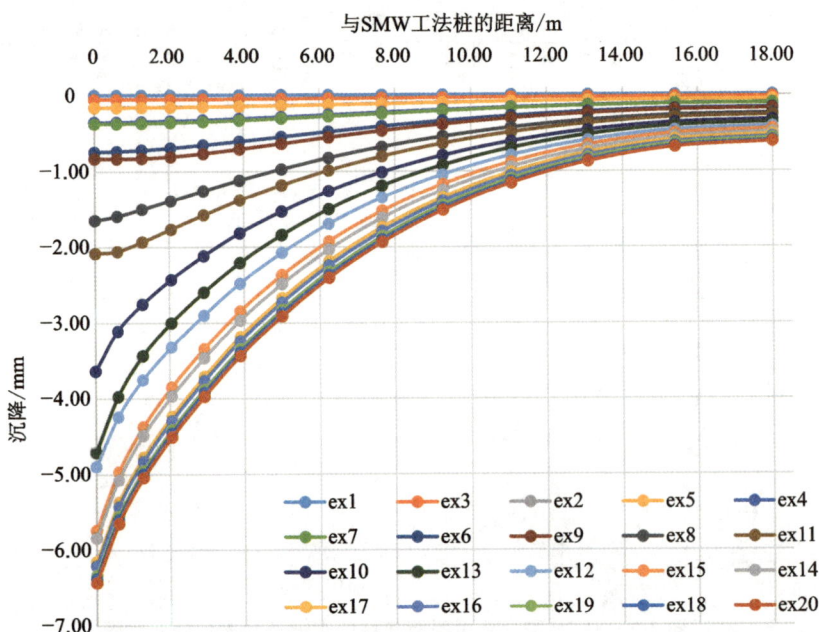

(b)

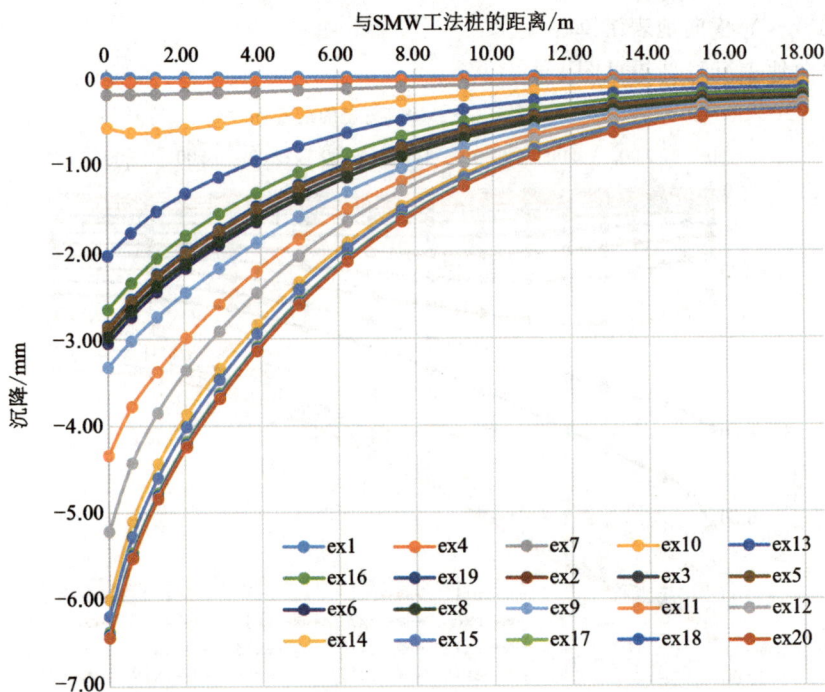

(c)

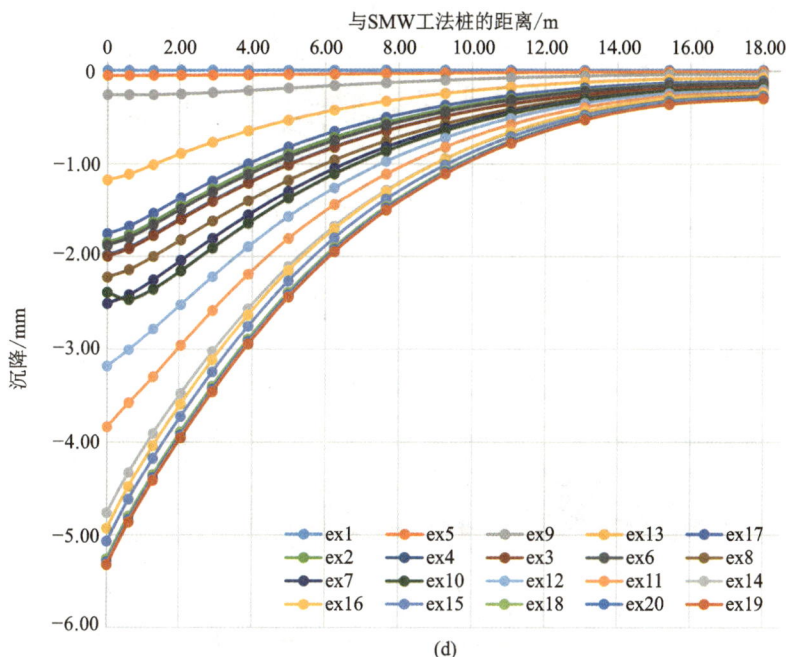

图 3-8　SMW 工法桩施工过程中横向地表沉降趋势图

(a)连续施工;(b)跳仓 1 幅施工;(c)跳仓 2 幅施工;(d)跳仓 3 幅施工

由横向地表沉降趋势图可知:

①随着施工的进行,对土体的扰动越来越大,横向地表沉降也逐渐变大。其中在靠近 SMW 工法桩的中垂面附近施工时,沉降曲线变疏,扰动加剧,沉降增加幅度尤为明显,增幅最大值出现在连续施工情况下,第 11 幅工法桩施工完成,达到 3.38 mm,不同间距跳仓施工最大增幅为 1.5 mm 左右。

②20 幅 SMW 工法桩施工完成后,地表沉降趋于稳定,沉降曲线呈典型的"勺子"形,随着与工法桩的距离增大,沉降不断减小。最大沉降出现在桩壁附近,连续施工时为 10.98 mm,不同跳仓间距施工沉降区别不大,其中跳仓 1 幅施工为 6.44 mm,跳仓 2 幅施工为 6.43 mm,跳仓 3 幅施工为 6.32 mm。

(4)X—X 纵向地表沉降。

纵向地表沉降趋势见图 3-9。

由纵向地表沉降趋势图可知,连续施工和跳仓 1 幅施工曲线呈"S"形,由于施工的往复性,跳仓 2 幅、3 幅距离施工呈双"S"形,随着施工进行,最大沉降值的范围也相应扩大。施工完成后,连续施工最大沉降为 10.17 mm,跳仓施工最大沉降为 4 mm 左右,不同跳仓间距施工沉降差异不大。

与第1幅SMW工法桩左侧的距离/m

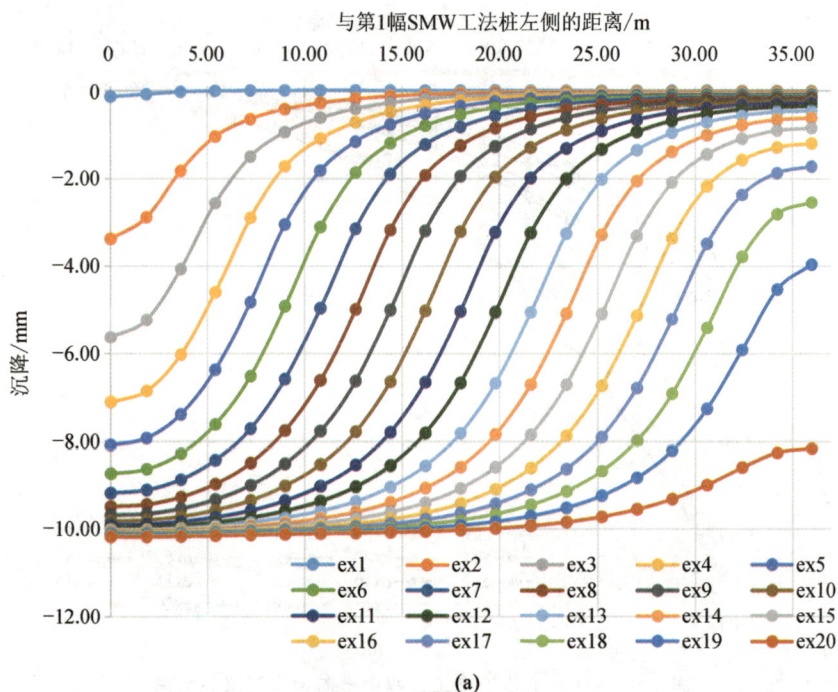

(a)

与第1幅SMW工法桩左侧的距离/m

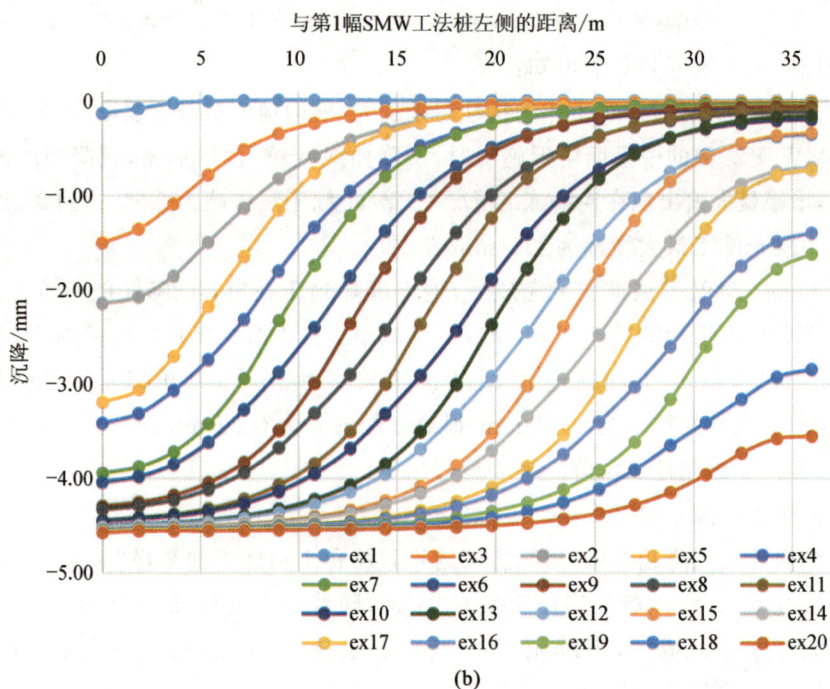

(b)

与第1幅SMW工法桩左侧的距离/m

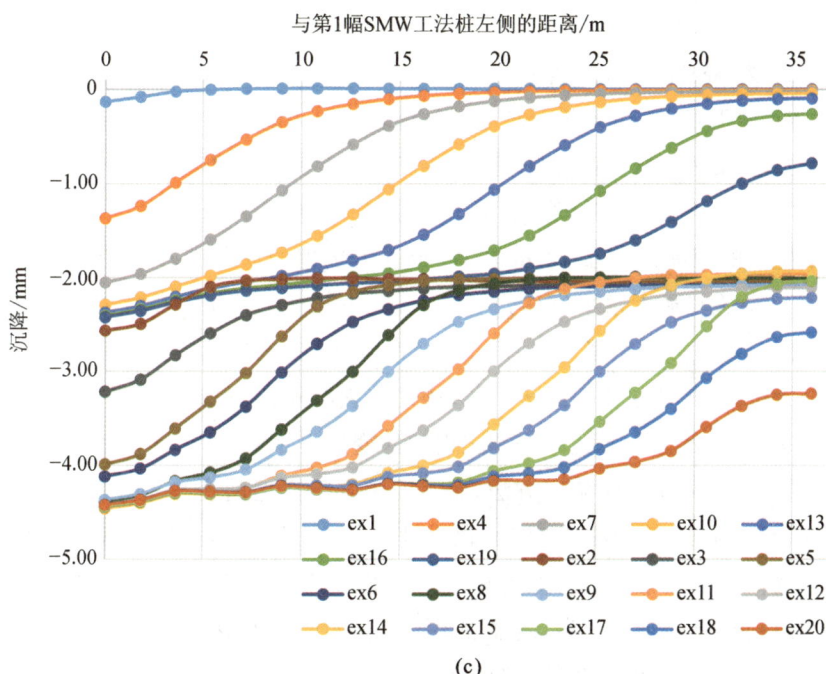

(c)

与第1幅SMW工法桩左侧的距离/m

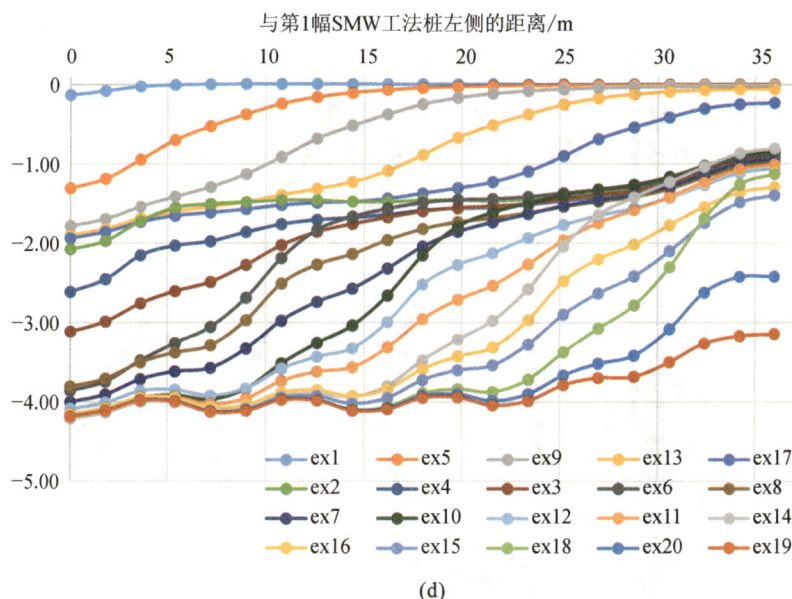

(d)

图 3-9　SMW 工法桩施工过程中纵向地表沉降趋势图

(a)连续施工；(b)跳仓 1 幅施工；(c)跳仓 2 幅施工；(d)跳仓 3 幅施工

（5）Z—Z 水平位移。

图 3-10 为 SMW 工法桩施工过程中中垂面土体不同埋深的水平位移趋势图，由图可知，施工刚开始时，由于相距较远，土体横向变形几乎为 0，随施工的进行，土体受剪区域增加，黏聚力降低，引起位移增大，施工越靠近中垂面附近，增幅越大。且随埋深加大，土体水平位移表现出先增大后减小，最后趋于 0 的规律，施工完成后，不同工况最大水平位移的深度稳定在 12 m 左右，接近工法桩的底部。其中，连续施工，跳仓 1 幅、2 幅、4 幅施工最大水平位移分别为 11.18 mm、6.76 mm、6.07 mm、5.53 mm。

对比以上数值分析结果可知，由于 SMW 工法桩在施工初期具有流塑性，无论是从土体最大沉降、工法桩中间地表沉降、横向地表沉降、纵向地表沉降，还是从中垂面水平位移来看，连续施工都比跳仓施工引起的变形大 1 倍左右，且六眼井车站周边环境复杂，因此不宜采用连续施工方法，而不同跳仓距离之间变形差异不明显，考虑到跳仓 2 幅、3 幅施工机器需来回移动，耗时过长，效率较低，且机器荷载在水泥土还未完全硬化的情况下频繁移动会加大对土体的扰动，使其产生过大变形，综合考虑，本工程采用跳仓 1 幅施工的方案，既能在保证安全的前提下减少对周边环境的影响，也能提高施工效率，缩短施工时长，实现良好的经济效益。

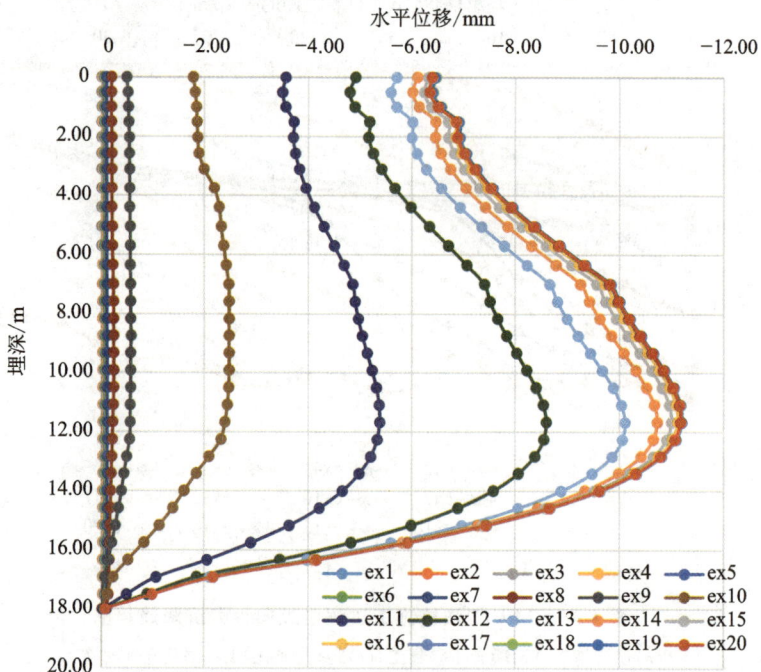

(a)

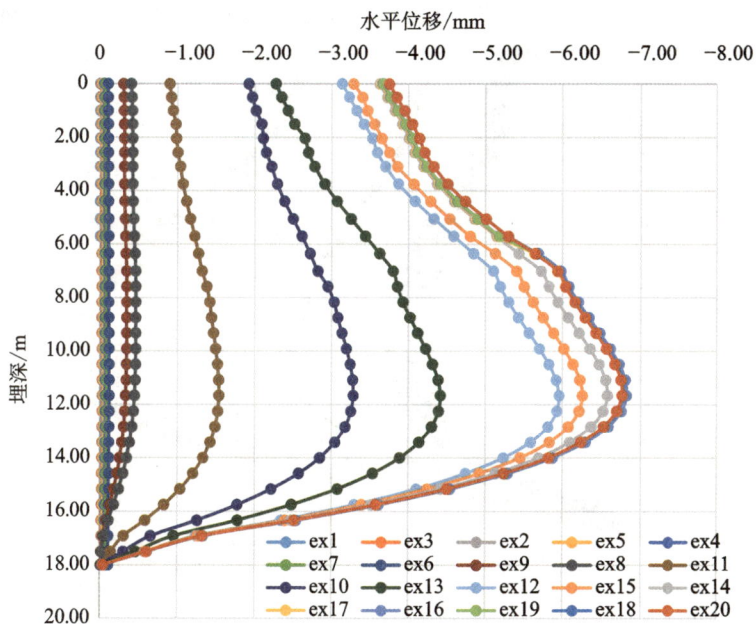

(b)

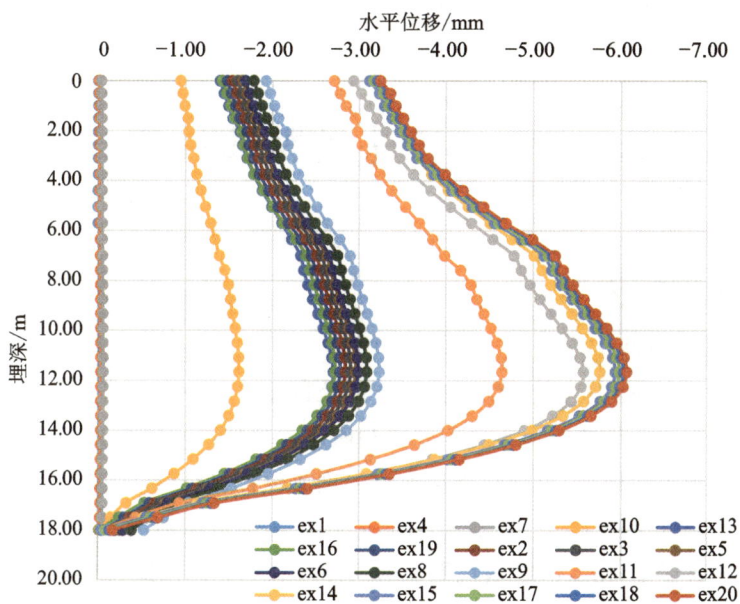

(c)

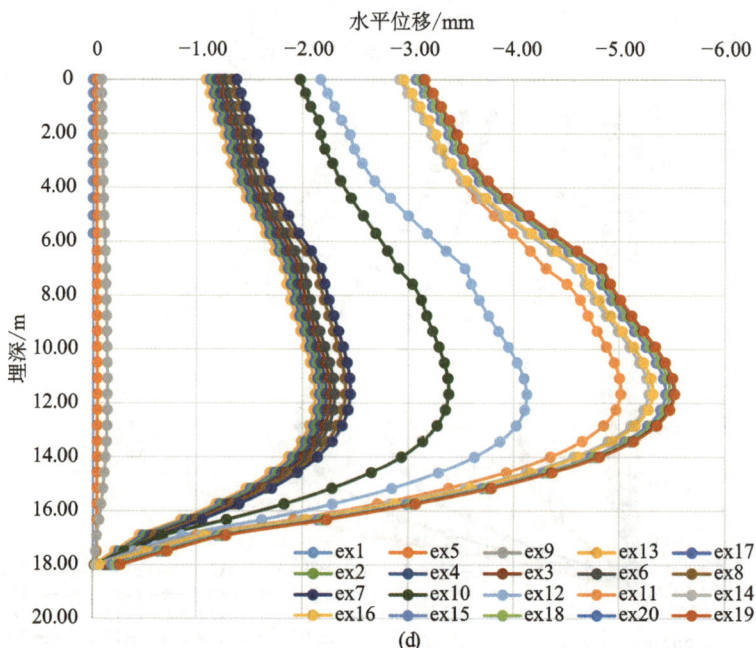

图 3-10　SMW 工法桩施工过程中中垂面水平位移趋势图
(a)连续施工；(b)跳仓 1 幅施工；(c)跳仓 2 幅施工；(d)跳仓 3 幅施工

3.2　SMW 工法桩整体施工方案

3.2.1　施工准备

(1)施工前准备。

首先要平整施工现场，将施工区域表层的垃圾、石块清出场地，把小积水坑排干。场地和周围道路的承载能力要达到轮式和履带式重型机械设备正常使用的条件。参考设计图纸指出的桩位，合理布置场地材料堆放位置、项目部位置、机械加工位置等。对根据平面布置图和工程控制点找出的桩位，用红油漆在地面上做准确的标记，桩位的误差不能大于 5 cm。沿着基坑围护的内侧边缘对导向沟进行开挖，安放用于对搅拌桩进行定位的型钢，标注出桩的位置和放置型钢的位置。让三轴搅拌机和桩架进场，组装好试运行，在确定能够正常使用之后，停靠于指定位置。

（2）机械设备选用。

SMW工法的核心设备是三轴搅拌机，三轴搅拌机分两种类型，一种是叶片式，另一种是螺旋叶片式，在选用时要根据土质的变化和深度的不同选择合适的机型和功率配置。以黏性土为主的土层选择叶片式搅拌机，以砂砾土为主的土层则选择螺旋叶片式搅拌机，砂性土介于两者之间，选择以螺旋叶片搅拌为主的形式。搅拌机使用的桩架要配合搅拌机的大小和长度选择合适的参数。在使用前确定各个机械设备的位置，确保其协同作用。

3.2.2 施工工艺

SMW工法桩工艺流程如图3-11所示，具体工艺包括挖导向沟、放置桩机，按顺序搅拌、钻孔，制浆和预搅下沉，制浆，喷浆搅拌，插入型钢，回收型钢等。

（1）挖导向沟、放置桩机。

在SMW墙体走向位置使用挖掘机挖出沟槽作为施工导向，防止搅拌机工作时涌出的地下土和泥浆不受控制地流出。沟槽的宽宜取1.2 m，深宜取1.5 m，用于安放定位型钢。

将搅拌机安放在工作开始地点，当班机长要在现场协调指挥，机器移动路过的场地要保证水平，避免其受到较大振动。用卷扬机拖动机器，人工控制其位置，使得搅拌机的钻头与桩位对齐，桩位的水平偏差不能大于3 cm。

正式施工前要对施工场地进行清扫，露出工作面。搅拌机每次使用之前要先行试运转，观察是否可以正常运行；对输浆管路试压清水，测试其是否畅通。为使搅拌桩能够垂直进入土层，要使用铅垂线对导向架进行垂直度检测，并用经纬仪观察。

每次移动钻机时都要使用铅垂线和经纬仪控制钻杆的垂直度，使误差控制在3‰以下。在钻杆上留好记号，按顺序将钻杆排好，保证钻杆入地长度大于设计深度，旧钻杆上有记号时，要去除旧记号，标注新的记号。

（2）按顺序搅拌、钻孔。

SMW工法使用三轴搅拌机，要求有一孔的搭接保证墙体的连续性，不产生裂缝以达到良好的止水效果，另外有一孔的搭接能够依靠重复钻孔来保证孔的垂直度。由3.1节的数值分析可知，跳仓1幅工法桩施工相较连续施工沉降更小，对周围环境扰动更小，更安全，相较跳仓2幅、3幅工法桩施工更加便捷，效率更高，故采用此顺序进行施工，如图3-12所示，阴影处为搭接部分。

现场查勘，清除地下障碍物，平整场地

根据设计图纸量测定位，设置导向桩保证墙体水平精度

确定施工位置，开挖导向沟

水泥浆配置(搅拌站设立及注入泵就位)

设置导向架与定位型钢，搅拌机到位

压浆注入

成墙钻进及搅拌

弃土处理

插入芯材并固定

取样强度测定

墙体硬化

墙顶设置圈梁

型钢回收

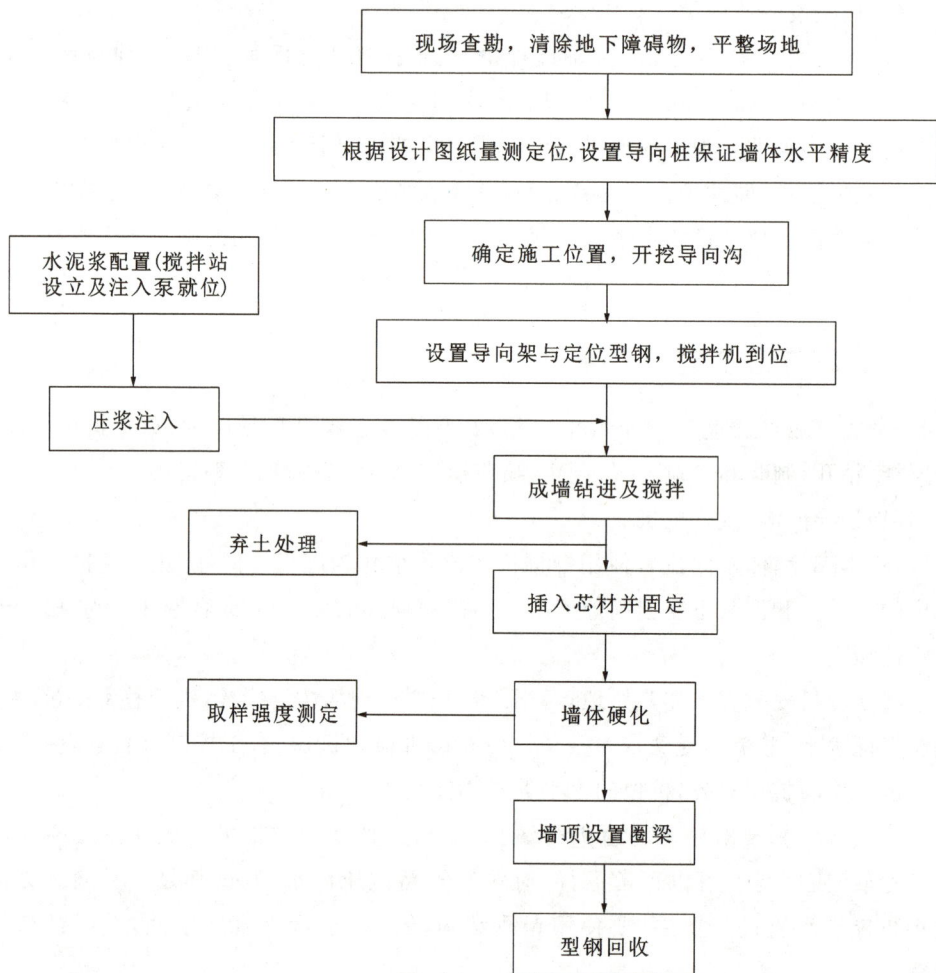

图 3-11　SMW 工法桩工艺流程图

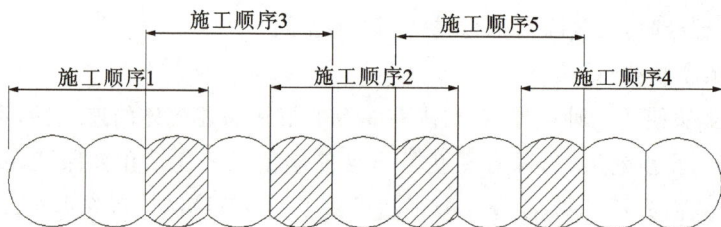

图 3-12　SMW 工法桩施工顺序图

（3）制浆和预搅下沉。

正式施工前，先在空地进行试桩试验，观察施工过程中的各项参数，对在该场地施工情况有一定的把握。钻杆钻入到设计的深度后，将配制好的水泥浆泵送至搅拌头，搅拌头下沉速度控制为 1 m/min，要保持注浆、搅拌、下降的持续和稳定，这样才能使原位土与水泥浆液充分混合。搅拌头要下降到钻杆上的记号位置，注浆的压力要控制在 0.4～0.6 MPa 之间，下沉时电机电流控制在 70 A 以下。

搅拌机在下沉到预定位置之前不能冲水，当下层土层强度太大，对搅拌机的下沉速度影响过大时，可以少量冲水，加快搅拌机转动速度，并增加再次搅拌的次数，以充分保证水泥土桩搅拌均匀。

（4）制浆。

当搅拌机下沉的时候，应当开始制作水泥浆液，浆液的水灰比应该严格按照设计要求配比。为防止块体堵塞出浆口，水泥在使用前应该过筛一遍。另外，要配专人记录用水量、水泥量、添加剂量。浆液在使用前应该充分搅拌 2 min 以上，在开始注浆前 30 s 内倒入压浆桶中，这样才能保证水泥浆液不发生离析现象。

因基坑支护工程影响基坑开挖进度，在 28 d 期限内，水泥土的极限无侧压强度应该大于 1.2 MPa，所以在水泥浆液制备过程中加入适量的减水剂和早强剂可以提高工作效率。

（5）喷浆搅拌。

钻掘搅拌机下沉至预定深度，向上拔出 0.1 m 然后开始注浆，在注浆的过程中不停地旋转搅拌机，搅拌机的旋转必须配合注浆进行，不能停止，不能发生堵塞，均匀注浆才能防止出现夹层。上升速度按照设计要求严格控制，使用检测仪检测并记录出浆量和搅拌的深度。

搅拌机的下沉速度不能太快，要严格监控，将原位土充分搅拌散开，使其能够充分与水泥浆液混合，保证水泥土桩墙的质量。若注浆管发生堵塞现象，则立即关闭注浆泵进行检修，检修结束后将搅拌机下降 1 m 后重新开始注浆，等待 10 多秒后开始提升搅拌桩，这样才能防止断桩。相邻的桩停工 8 h 以内必须重新搅拌，因故致使停工时间过长导致水泥土桩硬化、无法套打施工时，应与设计单位联系，进行补桩作业。

为保证水泥浆液和原位土能够充分地混合，要在首次提出搅拌机后再搅拌一次，而且再次搅拌时也要继续注浆。在完成一处搅拌后，将搅拌机移至下一位置重复以上步骤施工。

（6）插入型钢。

SMW 工法对型钢的要求主要体现在焊接上，H 型钢的焊接点应全部低于基坑开挖后的水平面，2 个翼板和 1 个腹板的 3 个焊接处要分开，每 2 个焊接点不能处于平行位置，焊接处应该等强焊接，并保持平整、光滑，其平整度允许偏差要在 1‰以下。

若考虑对型钢进行回收，则需要涂抹减摩剂，涂抹减摩剂能够更好地使型钢插入水泥土并顺利拔出。涂抹减摩剂之前要将型钢上的锈迹和污迹去除，如果型钢上有水残留，也要擦干。用电加热法将减摩剂完全融化并进行搅拌，待减摩剂搅拌均匀后在型钢上涂抹两遍，保证减摩剂的厚度在 3 mm 以上。型钢在涂抹减摩剂后起吊时要小心，避免碰撞。若表面的减摩剂被碰掉，或者自行脱落，要补涂减摩剂。

为保证型钢能垂直插入水泥土，需要在插入型钢的搅拌桩上方安装导向轨。在导向轨与型钢的接触面贴上橡胶层，防止导向轨刮蹭掉型钢表面的减摩剂。型钢的插入要在水泥土桩搅拌完成 30 min 以内进行（在水灰比较大的情况下可以酌情延长 H 型钢插入水泥土的时间），当型钢不能依靠自重下滑时，使用锤压的办法将其插入。

型钢的布置采用一插一跳的形式，如图 3-13 所示。

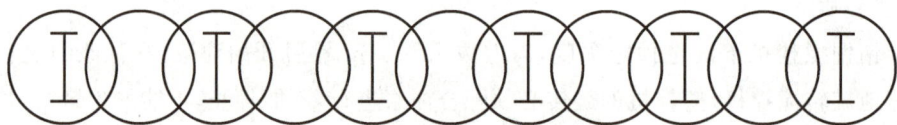

图 3-13　型钢的布置形式

在型钢距离顶端 0.15 m 处钻一个直径为 0.1 m 的圆孔，用于吊装型钢，使用钩具从圆孔处吊起型钢。起吊时为不使型钢产生较大变形，使用两台大小不同的吊车将其吊起，较大吨位吊车吊起圆孔处，较小吨位吊车吊起型钢中部靠后位置，同时将型钢吊离地面。在空中，重型吊车继续起吊，小吊车送吊，直至型钢垂直。将型钢吊至卡位后，将其竖直送入水泥土搅拌桩中，当插入至标高位置时，用直径为 8 mm 的钢筋将其固定。为方便型钢回收作业，待拔出的钢筋需预留高出圈梁 0.5m 的长度。

（7）回收型钢。

主体工程建设超过基坑，并对基坑进行回填后，型钢就完成了基坑支护作用，此时可以对型钢进行回收,以达到降低成本的目的。经监理方或者承包方通知后,基坑支护施工人员进场拔出型钢。在拔出型钢前要将场地清扫平整,保证机器能水平、牢固地放在地面上,并提供足够的支撑力。现场使用 2 台液压顶升机在基坑两端对称施工。使用吊车在上方吊住型钢,防止型钢侧方倾倒。

3.2.3 SMW 工法桩质量控制措施

(1)工法施工误差控制。

搅拌桩钻孔成桩的过程中,桩底标高相差最大允许值是 5 cm,桩位水平偏离桩中心点距离最大值是 5 cm,桩直径误差为 ± 1 cm,使用钢尺测量,桩体的垂直度是 5‰,全程使用经纬仪检测。

型钢插入混凝土所产生的误差控制为型钢的垂直度,即 5‰,全程使用经纬仪检测;型钢长度用钢尺测量,误差是 1 cm;型钢插入桩时,底部标高使用水准仪测量,误差是 3 cm;水平方向的误差在 5 cm 以内,用钢尺测量;型钢的转角控制在 3° 以内,使用量角器测量。

(2)工法质量保证措施。

基坑工程开始前,要对周边环境进行周密调查,掌握周边管线情况,对上下水管道、电线、通信线、天然气管道等进行检测,在基坑回填完成之前不能停止检测,一旦位移超过警戒值,立即调整搅拌速度,对施工工艺进行管控,防止管线进一步发生位移。

对于施工使用的每种材料,采购部门要保留材料的票据和质保单,对现场使用的水泥要做试件,根据试验结果得到实验报告;对使用的混凝土要预留试件,并送检。在 SMW 工法桩长度和 H 型钢长度变化较频繁的施工阶段,施工人员每天要做施工计划,现场跟进施工,做好测量和监督工作,并清楚地记录当日工人施工情况,然后与设计图纸对照,确保无误。

定期检查施工机械状况,做好日常保养,压浆泵预留一套备用,防止压浆口堵塞后暂停施工时间过长,对工程产生较大损失。

在搅拌水泥土的过程中,需要取样检查水泥土的质量,每根桩在最后一次搅拌将钻头提出地面后,在钻头上取少量附着的水泥土,放在边长为 7.07 cm 的正方体模具中制成试件,编号并养护,送实验室检查质量。

突发情况下无法施工时,若停工时间过长,为保证施工质量,防止断桩和裂缝的产生,需要在外侧补桩,具体施工情况要与设计单位沟通解决,补桩时应与旧桩搭接 10 cm,以保证桩的防渗效果。

为保证搅拌桩桩身质量,在水泥浆注入过程中要人为控制注浆速度和注浆压力,在搅拌水泥浆时要采用总量控制,不能边搅拌边加水,在倒入压浆泵的时候使用比重仪检查质量,浆液必须搅拌均匀达到 2 min 以上,在开始使用前 30 s 内停止搅拌并迅速倒入压浆泵。搅拌机要将原位土充分搅拌散开,以利于水泥浆和土的充分混合,注浆过程不能断浆,提升搅拌机的速度要均匀,防止夹心层的出现。若搅拌过程出现中断,则需要将搅拌机向下插入 1 m 之后再开机重新搅拌,防止产生断桩。

入场的散装水泥或者袋装水泥按照每 400 t、200 t 检验一次,做一组试件,进行 28 d 强度检验。对在施工过程中取样的水泥土试块也要进行 28 d 强度检测,在无侧限抗压强度达到 1.2 MPa 的设计标准之后才能挖土施工。

H 型钢运送至场地后,首先由监理检查质量,包括型钢的平整情况和焊缝的质量,通过检查后再涂刷减摩剂。型钢存放时在其下方放置有弹性的枕木,减小型钢变形,保护减摩剂有效附着。在插入型钢前检查减摩剂是否脱落,在插入过程中要使用经纬仪观测其垂直度,再用水准仪观测型钢顶部标高。

(3)工法施工突发情况处置措施。

在基坑开挖过程中要时刻注意型钢水泥土搅拌墙上是否出现渗水,如果发现渗水,需要立即采取措施进行封堵。当渗流量较小时在渗流处插入引流管,使用速凝混凝土对渗流处进行封堵,等混凝土凝固之后将引流管封死。当渗流量较大时,采用以上方法无法封堵渗流点,采用双流注浆的方式封堵。具体做法是使用三头接管,一头插入渗水口,另外两头接两台注浆泵,将水玻璃与氯化钙溶液一起注入,两者发生反应后能够迅速凝固,堵住渗流点。

三轴搅拌机适用于最大粒径在 10 cm 以下的土质,当遇到孤石时,应当加水帮助钻进,在加水不管用时,需要在旁边加桩补强。当基坑挖开后发现有断桩或者分岔的地方,使用厚度为 12 mm 的钢板与型钢焊接。

SMW 工法桩在连接处应该增加搅拌次数和水泥用量,使水泥土桩强度增加,在接缝处不能冲水协助。在接口处外侧使用旋喷桩做止水帷幕以增强接口处的防渗水能力。

当遇到施工前未探明的地下管线和暗沟时,要通知甲方,并配合设计单位协调处理。

(4)安全和环保措施。

当搅拌机的荷载过大时,电机的工作电流会升高并超过额定值,此时应当减慢转速,少量喷水。当搅拌机停止转动时,需要将搅拌机提出桩,检查叶片,然后重新开始搅拌。在供电电压小于 350 V 时,为保护电机,需要暂停施工。在搅拌机往泵送料筒倒水泥浆时,放钢丝筛过滤块状杂物。在泵送水泥之前需要泵送少量清水,使管路湿润,以便顺利注浆。输浆管在每天施工完后应及时清洗,防止水泥浆在管路壁上凝结。因故施工暂停 30 min 以上,再次使用时也需对其及时进行清洗。要对泵机定期维护、检查和清洁。

施工现场需要科学合理规划,现场要平整,材料要堆放整齐。水泥要防水防潮存放。挖出排水沟,使场地内积水能及时排出。钻机和搅拌机周围做定向排水,不能使废弃浆液污染已完成的桩一侧。设置水坑,在重型机械进场和出场时轮胎过水,并在场地内定时洒水,以减少漂浮粉尘。

3.3 富水砂层三轴搅拌桩水泥浆控制技术

3.3.1 工艺原理

由于富水砂层含水量丰富,渗透系数大,在其中极易出现水泥浆流失现象,故三轴搅拌桩的成桩效果不佳。因此采用单变量法,对富水砂层三轴搅拌桩施工的各项参数进行调试,完成试桩总结,通过控制不同地层的水灰比、流量、下钻速度、提钻速度、喷浆速度及时间,从而达到设计及标准要求的水泥掺量、强度、抗渗系数指标,避免水泥浆流失。

3.3.2 工艺流程

富水砂层三轴搅拌桩施工工艺主要分为三个部分:一是导向沟开挖及搅拌桩孔位定位,以保证搅拌桩准确定位;二是主要施工技术参数的确定,包括水位以上及富水砂层内单幅水泥桩水泥用量和高压风管参数设置;三是搅拌桩成桩施工。本工艺整体施工流程图如图 3-14 所示。

```
┌─────────────────┐
│   平整施工场地    │
└────────┬────────┘
         │
┌────────┴────────┐
│    桩位放样      │
└────────┬────────┘
         │
┌────────┴────────┐
│   导向沟开挖      │
└────────┬────────┘
         │
┌────────┴────────┐
│  搅拌桩孔位定位   │
└────────┬────────┘
         │
┌────────┴────────┐
│ 桩机就位与垂直度校正│
└────────┬────────┘
         │                    ┌──────────────────┐
┌────────┴────────┐      ┌───▶│  搅拌桩基本参数设置  │
│  确定施工技术参数  ├──────┤    └──────────────────┘
└────────┬────────┘      │    ┌──────────────────┐
         │               └───▶│  高压风管参数设置   │
┌────────┴────────┐           └──────────────────┘
│   水泥浆液拌制     │
└────────┬────────┘
         │
┌────────┴────────┐
│   注浆搅拌下沉     │
└────────┬────────┘
         │
┌────────┴────────┐
│   注浆搅拌提升     │
└─────────────────┘
```

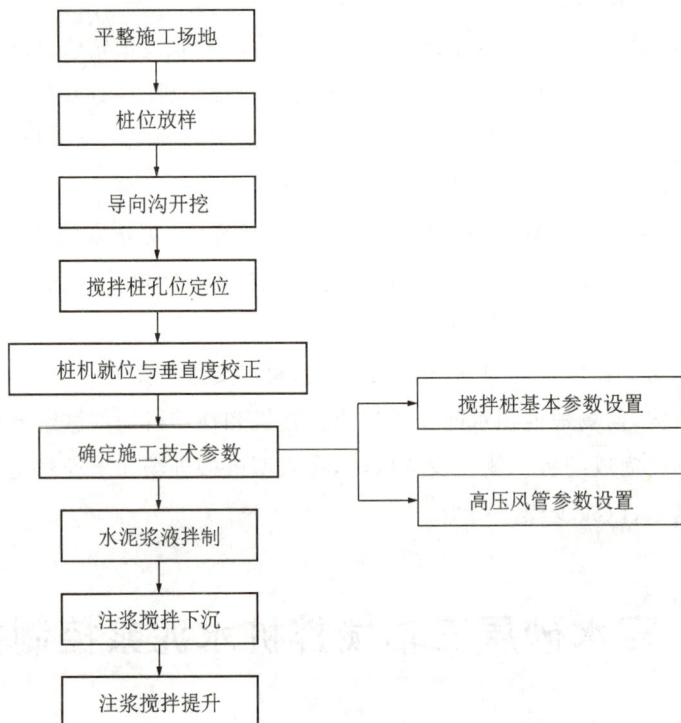

图 3-14 富水砂层三轴搅拌桩施工工艺流程图

3.3.3 施工要点

1.导向沟开挖

根据放样出的搅拌桩中心线,用挖掘机沿围护中心线开挖沟槽,槽宽 1~1.2 m,槽深 1 m。场地有地下障碍物时,利用挖掘机炮头将地下障碍物破除干净,如破除后产生过大的空洞,则需回填压实,重新开挖沟槽。开挖沟槽余土应及时处理,以保证工法正常施工,并达到文明施工要求。

2.搅拌桩孔位定位

由现场技术员根据设计图纸和测量控制点放出桩位,桩位平面偏差不大于 2 cm。三轴搅拌机桩径为 850 mm,轴心距为 600 mm,搅拌桩搭接 250 mm。用红色油漆做好标记,保证搅拌桩每次准确定位。搅拌桩孔位定位示意图如图 3-15 所示。

3.桩机就位与垂直度校正

用卷扬机和人力移动搅拌桩机到达作业位置,并调整桩架垂直度。在桩机上焊

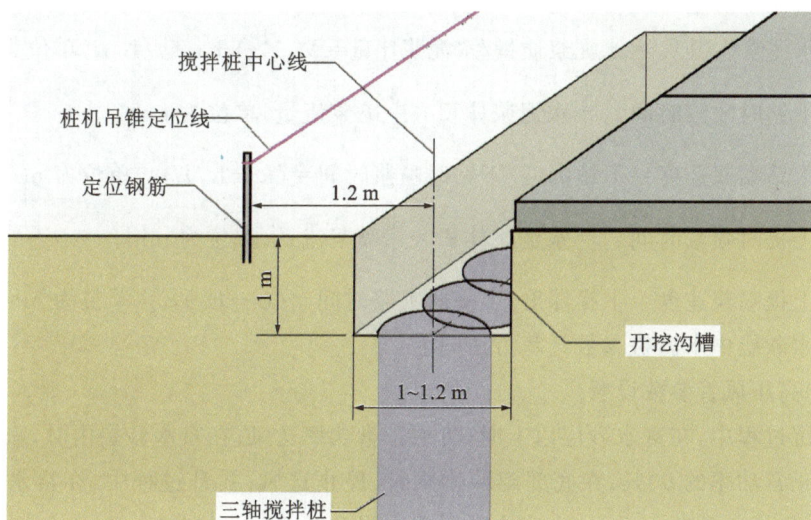

图 3-15 搅拌桩孔位定位示意图

接一半径为 5 cm 的铁圈,10 m 高处悬挂一铅锤,使铅锤正好通过铁圈中心。每次施工前必须适当调节钻杆,使铅锤位于铁圈内,钻杆垂直度误差控制在 0.5% 以内。

桩机移位由当班机长统一指挥,移动前必须仔细观察现场情况,移位要做到平稳、安全。桩机定位后,由当班机长配合技术员对桩机桩位进行复核,偏差不得大于 20 mm。

为便于控制成桩深度,施工前应在钻杆上做好相应的标记,控制搅拌桩桩长不得小于设计桩长,当桩长变化时擦去旧标记,做好新标记。

4.确定施工技术参数

(1)搅拌桩基本参数设置。

搅拌桩基本参数可采用下述方法确定:

设计参数:水泥桩长为 $L(m)$,其中富水砂层内长度为 $L_1(m)$,搅拌桩横截面积为 $S(m^2)$,水泥平均掺量不小于 $A(\%)$,搅拌桩渗透系数不应大于 $B(cm/s)$,28 d 无侧限抗压强度标准值不低于 $C(MPa)$。

施工参数:搅拌桩水泥平均掺量为 A 时,设富水砂层以上搅拌桩水泥掺量为 $(A-D)$,富水砂层中为 $(A+D)$,则:

①单幅水泥桩水泥质量 M_1 = 水泥掺量×土体容重×桩长×截面面积 = $(A-D)×1.8×(L-L_1)×S$,单位为 t。

②水泥浆质量=水泥质量×(1+水灰比)=M_1×(1+1.5),单位为 t。

③水泥浆体积 V_1=水泥浆质量/水泥浆比重=M_1×(1+1.5)/1.37,单位为 m^3。

④下钻时喷浆时间 t_1=水泥浆体积×$\dfrac{3}{4}$喷浆流量,单位为 min。

⑤下钻喷浆速度=下钻深度/下钻时喷浆时间=$(L-L_1)/t_1$,单位为 m/min。

⑥上提时喷浆时间 t_2=水泥浆体积×$\dfrac{1}{4}$喷浆流量,单位为 min。

⑦上提喷浆速度=上提深度/上提时喷浆时间=$(L-L_1)/t_2$,单位为 m/min。

富水砂层中水泥桩参数计算方法同上。

(2)高压风管参数设置。

下沉过程中,在富水砂层以上时,机械正常功率送风;在富水砂层内时,减小送风功率至正常功率的50%;在底部旋转喷浆时,停止送风;提升过程中,在富水砂层内提升时,机械正常功率送风;在富水砂层以上提升时,停止送风。

5. 水泥浆液拌制

采用自动拌浆系统搅拌 PO 42.5 级普通硅酸盐水泥,并储存于水泥库,水泥浆液的水灰比在水位以上地层为 1.5～2.0,水位以下地层为 1.0～1.5。注浆时通过 2 台注浆泵以 2 条管路同时注入,单管注浆流量约 145 L/min。

6. 注浆搅拌下沉

启动电动机,放松卷扬机使钻掘搅拌机的搅拌头自上而下切土搅拌下沉,直到搅拌头下沉钻进至桩底标高;下沉过程中喷浆量占步骤 4 中计算出的水泥浆质量的 70%～80%,下沉过程中控制高压风管,在富水砂层以上时,机械正常功率送风;在富水砂层内时,减小送风功率至正常功率的 50%;在底部旋转喷浆时,停止送风。

7. 注浆搅拌提升

钻掘搅拌机下沉到设计深度后,在底部停顿持续喷浆 60 s,边喷浆、边旋转钻掘搅拌机的搅拌钻头,连续泵送,并提升至比设计桩头高 50 cm 处,保证成桩质量,提升过程中喷浆量占步骤 4 中计算出的水泥浆质量的 20%～30%;在富水砂层内提升时,机械正常功率送风;在富水砂层以上提升时,停止送风。

3.4　全回转钻地面局部处理地下人防施工技术

3.4.1　技术原理

全回转钻地面局部处理地下人防施工技术原理:在地面上采用全回转钻对需要废除的局部人防两侧进行封堵,再用小标号砂浆对需要废除人防两端空腔进行回填,最后对人防工程与其他地下结构冲突的部位进行清障处理,同时不破坏处理区域范围以外的人防结构。

3.4.2　工艺流程

该施工工艺主要分为四个部分:一是根据图纸结合现场对具体人防边界进行钻探,确定人防实际位置,判定施工影响范围;二是对需要废除的人防两端进行封堵;三是对局部废除处理的人防空腔进行回填;四是对影响范围内人防结构进行清障处理,整体施工流程图如图 3-16 所示,全回转钻设备施工工艺流程如图 3-17 所示。

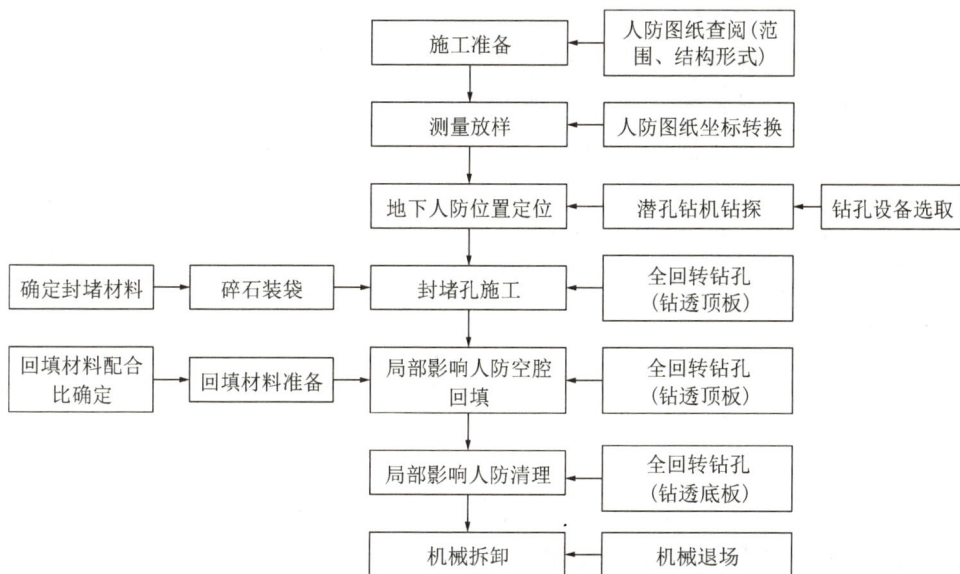

图 3-16　整体施工流程图

①将主机安装在设计孔位，把钢套管插入本体内，在起重机吊着套管的状态下，使钢套管垂直并用夹紧机构抱住

②反复旋转套管，用抓斗在套管内进行挖掘

③遇到卵石等障碍物时，用安装的套管前端钻头一边回转切削，一边用落锤砸碎，然后用抓斗抓出

④在挖至设计深度后，用清底抓斗把孔底的淤泥清除，填入准备好的回填料，将钢套筒缓缓向上拔除

图 3-17　全回转钻设备施工工艺流程

3.4.3　操作要点

1.地下人防位置定位

根据人防埋置深度以及实际地层来确定钻孔定位设备，人防埋深较浅的（20 m以内），采用潜孔钻设备最为适合。主要优点有移动便携，适用于各种场地，经济效益高。主要有以下几种可供选取的钻头：

①软岩钻头。

软岩钻头对软岩具有较高的钻透性，对人防结构具有一定破坏性，容易钻透人防结构，钻探时存在一定安全风险。

②软土钻头。

软土钻头对岩石钻透性不强，钻探过程中遇到体积较大的卵石或岩石时，难以分辨是否为人防结构，对人防边界进行确定时容易形成偏差。

③三叶合金钻头。

三叶合金钻头为空心钻头，对体积较大的卵石及岩石具备一定的破碎能力，但对于人防结构难以钻透，能够较准确地确定人防边界。

为了准确地钻探人防结构但不破坏结构，最终采用潜孔钻配三叶合金钻头进行钻探，降低人防钻探施工风险的同时又能够精准地探明人防结构边界。

人防结构为拱形结构,在人防的正拱顶精确定位钻孔位置,利于提高封堵的质量与砂浆回填的质量。如果不在拱顶,封堵后有空腔,回填砂浆时会跑浆,一是浪费,二是砂浆回填质量差。应按人防图平面位置进行钻孔,探明具体人防埋深及边界,如遇人防范围与实际位置相差较大,需根据施工部位边界,每钻探一孔后移动 $0.3\sim0.4$ m 继续探孔,最终确定实际人防准确位置,形成成果备案,以指导后续施工。

2.封堵孔施工

(1)封堵孔位置确定。

根据探明的人防具体位置,在施工影响范围两端分别设置封堵孔,以确保达到需要废除人防区域的封闭效果。

(2)回填量计算。

回填量根据南昌地铁 3 号线工程土建施工人防断面案例进行计算(人防封堵孔回填横、纵断面如图 3-18 和图 3-19 所示),封堵孔采用 $\phi1.5$ m 钢套筒钻透顶板,人防结构高度为 4.5 m,采用 1:1 的放坡率自然放坡,人防顶部在钢套筒位置分别向

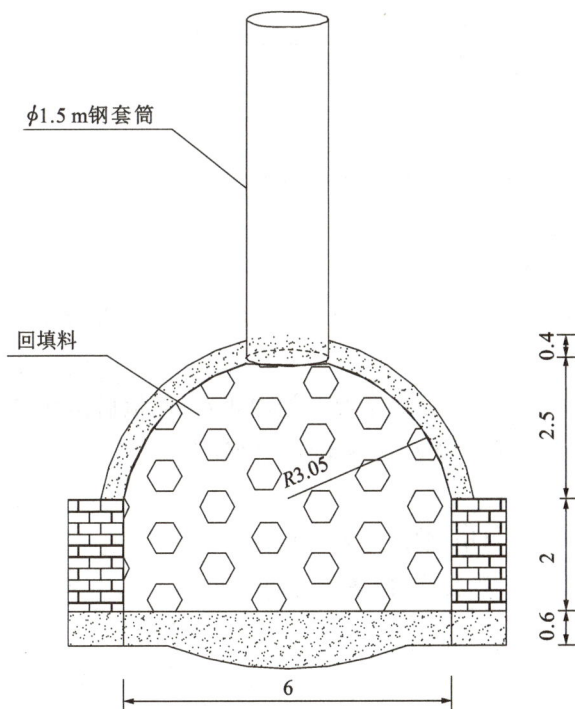

图 3-18 人防封堵孔回填横断面图(单位:m)

两端扩放 0.5 m,人防处理封堵孔纵断面面积约 31.5 m^2,横断面面积约 23.1 m^2,一个封堵孔回填量约为 727.7 m^3。

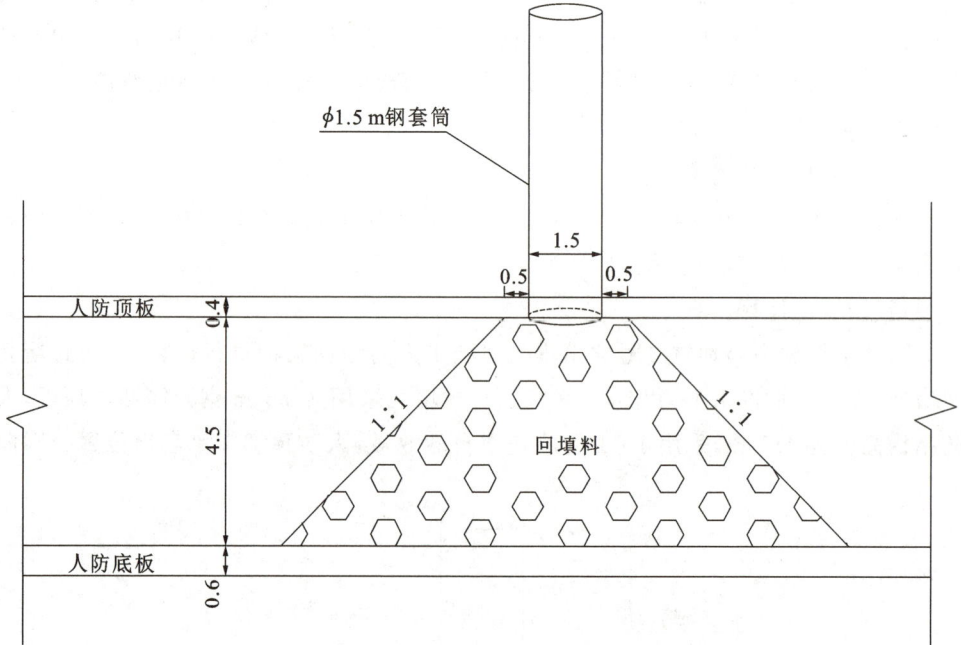

图 3-19 人防封堵孔回填纵断面图(单位:m)

(3)回填材料的选择。

人防封堵孔钻头钻入人防后,对空腔部分采用回填料进行回填,确保该回填料有较好的稳定性以达到封堵效果,现场选取几种回填料进行试验对比分析。

①中粗砂。

采用中粗砂回填,由于人防内部存在较深积水,回填后出现流失现象,无法达到堆积封堵效果,且回填量大,无法达到预期封堵效果。

②碎石。

采用碎石进行回填封堵,回填后碎石能较好地堆积,但是由于碎石间存在一定空隙,封堵效果不理想,且后续砂浆回填时易造成砂浆流失,造成后续砂浆回填量增大,经济费用投入增大。

③砂袋。

采用砂袋回填,回填初期,砂袋堆积较好,封堵效果密实,后续由于砂袋间摩擦力小,上部砂袋出现向两侧滑移现象,回填效果不稳定,且后续封堵强度较小。

④碎石袋。

采用碎石袋回填,碎石袋堆积较好,封堵效果密实,由于碎石袋间摩擦力较大,回填后整体效果好,且后续封堵强度较大,能够较好地达到封堵效果。

最终选取封堵效果较好的碎石袋进行回填封堵,以确保达到局部处理效果。

(4)封堵孔钻孔回填施工。

将钢套筒钻透顶板,下放至底板位置,采用碎石袋回填,每回填 2 m 左右,将钢套筒缓缓向上拔出 1 m,同时采用吊锤对回填孔进行压实,碎石袋需回填至人防顶板上方 5~8 m 位置,保证封堵位置碎石袋随时往下补充,以确保封堵效果良好,为后续人防空腔回填奠定基础。8 m 以上部位回填较小粒径的砂或土。封堵孔回填示意图如图 3-20 所示。

3.局部影响人防空腔回填

(1)回填孔位选取。

回填的主要作用是密实人防空腔,为后续施工奠定基础,需根据人防范围及人防大小进行回填孔位布设,原则上宜选在人防正上方布设,以确保回填密实,回填孔位布设间距不宜大于 4 m。

(2)回填料选取。

人防空腔回填材料,既要存在一定流塑状态,强度不宜过大,同时,为了后续施工安全,强度又不宜太小,施工时选取以下几种材料进行对比分析。

①中粗砂。

采用中粗砂进行人防空腔回填,回填材料流塑性较好,回填初期能够将空腔全部回填密实,但是由于砂砾特性,回填后不久容易形成小空腔,后续施工存在较大安全隐患。

②碎石。

采用碎石进行人防空腔回填,回填材料流塑性较差,对人防空腔回填不能达到回填密实效果,存在较多空腔,对后续施工安全存在较大影响。

③水泥砂浆。

采用水泥砂浆进行人防空腔回填,需对水泥砂浆配合比进行选取,确定最佳配合比。根据南昌地铁 3 号线五标经验,最终选取的水泥砂浆配合比参数为水泥 35 kg、粉煤灰 160 kg、砂 1430 kg、外加剂(减水剂)2.15 kg、水 190 kg,砂浆稠度 130~150 mm。该回填材料流塑性较好,同时砂浆强度合适,不影响后续施工,为最佳回填材料。

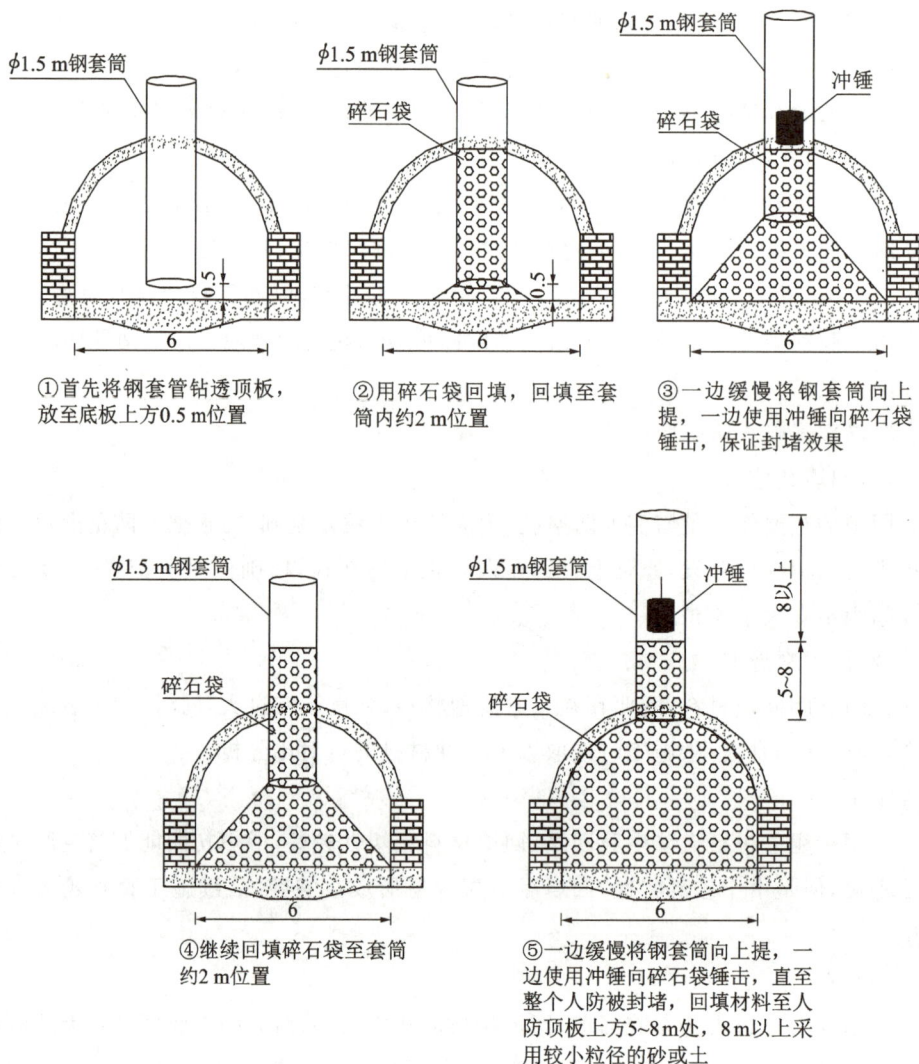

①首先将钢套管钻透顶板，放至底板上方0.5 m位置

②用碎石袋回填，回填至套筒内约2 m位置

③一边缓慢将钢套筒向上提，一边使用冲锤向碎石袋锤击，保证封堵效果

④继续回填碎石袋至套筒约2 m位置

⑤一边缓慢将钢套筒向上提，一边使用冲锤向碎石袋锤击，直至整个人防被封堵，回填材料至人防顶板上方5~8 m处，8 m以上采用较小粒径的砂或土

图 3-20　封堵孔回填示意图（单位：m）

　　针对人防空腔回填材料，最终确定采用水泥砂浆进行回填，在人防正上方进行钻孔，回填时将钢套筒钻至底板下 0.5 m 位置，采用水泥砂浆进行回填，每回填 2 m 左右，将钢套筒缓缓向上拔出 1 m，待水泥砂浆不再流动后继续回填 2 m 左右，再将钢套筒缓缓向上拔出 1 m，直至回填至孔口，再进行下一孔施工。

4.局部影响人防清理

（1）下钻成孔。

①套管。

套管是用高频螺纹焊管制作而成，内径 $\phi 1500$ mm，每节长 6 m，套管采用螺栓连接。套管的用途与普通工程钻机的钻杆一样，在钻进过程中传递动力，但同时起到支护槽壁的作用。

②成孔工艺。

清除人防时，全套管全回旋钻机与普通钻机作用相似。启动钻机钻孔，该钻机对套管不断向下加压并旋钻，实现对土体的切割，通过逐节接长套管进而达到设计深度要求。启动全套管全回旋钻机钻孔时应保持匀速、平稳，若套管长度不够，应接长，钻孔过程中要做好详细的施工记录，直至孔深达到设计标高，停止钻孔，为了确保人防处理效果，成孔间距为 1.1 m，孔与孔之间搭接 0.4 m，呈梅花形布置，具体人防处理孔位布置原则如图 3-21 所示。

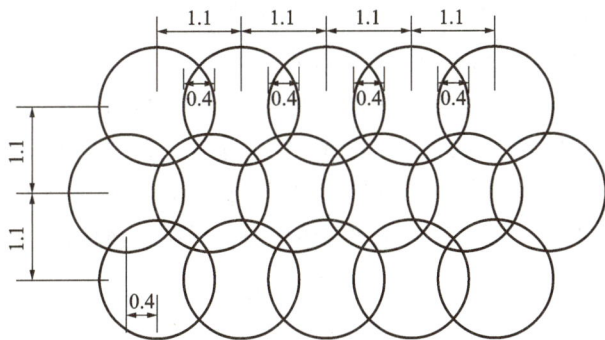

图 3-21　人防处理孔位布置示意图（单位：m）

（2）抓土石出管。

抓土石前，应在套管顶套上导锤筒，吊车换上抓斗后将套管内的土石抓出管，采用挖掘机对抓出的土渣进行装车，最后通过自卸式渣土车运离现场，并妥善处理。

（3）提管并回填砂浆。

回填采用 M2.5 的水泥砂浆，且尽量把单孔浇筑时间控制在 1 h 内。因套管内存在地下水，为保证水泥砂浆浇筑质量，拟采用导管法浇筑水泥砂浆。导管采用 $\phi 250$ mm 导管，采用自卸料斗输送水泥砂浆。浇筑过程中应及时进行抽排水工作。浇筑完成后至水泥砂浆初凝前，应每隔 1 h 松动一下钢套管，防止钢套管抱死，初凝后逐节拔除钢套管。

3.5　本　章　小　结

　　本章采用三维有限元分析软件 ABAQUS 对六眼井站 SMW 工法桩施工过程进行了建模计算,模型重点考虑了工法桩凝结硬化前的流塑性特征,设置了连续施工和跳仓 1、2、3 幅施工 4 种工况,并选取土体最大沉降、工法桩中间地表沉降、横向地表沉降、纵向地表沉降、中垂面水平位移 5 个指标,分析了不同工况对周围土体的变形影响。

　　针对六眼井站基坑围护结构紧邻周边建筑物、施工敏感度高且不具备抢险条件的施工环境,参考数值计算结果提出了复杂敏感环境下地下连续墙槽壁的 SMW 工法桩加固及跳仓施工工艺。

　　进一步地,为避免由于富水砂层渗透系数较大而导致三轴搅拌桩水泥浆流失,通过严格控制施工过程中的水灰比、流量、下钻速度、提钻速度、喷浆速度及时间,提出了一种富水砂层三轴搅拌桩水泥浆控制技术。

　　此外,充分利用全回转钻机具备清理地下障碍物能力的特点,在对废弃地下人防结构进行调查了解的基础上,通过对全回转钻机施工工艺进行优化,形成了复杂地下环境采用全回转钻机局部处理废弃地下人防的施工方法,清理地下连续墙净空范围内障碍物的同时,有效封堵了地下连续墙施工时泥浆逃逸通道,保证了周边建筑物的安全。

第4章 半盖挖系统下基坑施工工艺研究

4.1 半盖挖车站基坑开挖方法及设备研究

南昌地铁 3 号线六眼井站为双柱三跨地下三层岛式车站,为一字形车站,有效站台中心里程为 DK37＋987.104,起讫里程为 YDK37＋909.604～YDK38＋089.109。车站总长 179.5 m,站台宽度 13 m,标准段宽 21.9 m。采用半盖挖法施工,局部全盖挖,盖板宽度 10.5 m。车站主体围护结构采用 1 m 厚地下连续墙＋内支撑,第一道支撑采用混凝土支撑,第二至五道支撑采用钢支撑。其中车站中心里程以北为三道钢支撑(第一、二层为 ϕ800 mm,第三层为 ϕ609 mm),以南为四道钢支撑(第二、三层为 ϕ800 mm,第一、四层为 ϕ609 mm)。

该基坑开挖深度大(最大开挖深度 26.5 m,平均开挖深度 26 m)、岩层占比高(地下 16m 左右即为岩层,强风化和中风化岩层开挖深度达 10 m)、支撑间净距小、施工场地狭长、出土效率低,因此如何快速高效地完成土石方施工任务是本工程的难点。

4.1.1 土石方开挖方法

基坑开挖与支撑安装需遵循"时空效应"的原理,在开挖过程中掌握好"纵向分段、横向分块、竖向分层、先撑后挖"的施工原则。根据现场情况,该基坑土石方由小里程向大里程开挖,分段、分块、分层流水组织作业,确保基坑尽早开挖完成,形成完整的支撑体系。

(1)纵向分段:第一层混凝土支撑纵向分段长度 30 m,第一层混凝土支撑以下土石方开挖分段长度 8 m。结合围护体系要求,考虑时空效应,尽量缩短围护结构暴露时间,开挖到位后及时架设钢支撑,在 6～8 h 内完成架设。

(2)横向分块:盖挖区域采用挖掘机将土石方水平横向倒运至明挖一侧,然后按照明挖基坑出土方法进行施工。

(3)竖向分层:根据支撑和主体结构及现场实际情况,竖向分 6 层进行开挖,分层位置均为支撑(钢支撑和混凝土支撑)中心位置以下 500 mm,如图 4-1 所示。

①第一层及第二层土方开挖:采用装载机＋PC200 挖掘机施工,装载机在基坑中取土,翻运至基坑边,由 PC200 挖掘机装渣至渣车,如图 4-2 所示。

②第三至第五层土方开挖:PC200 挖掘机采用开挖接力倒渣的方式,由深至浅逐层向上翻运各级台阶,最后翻运至地面,装运到自卸汽车出渣,上下两层台阶坡度不小于 1∶1.5,如图 4-3 所示。

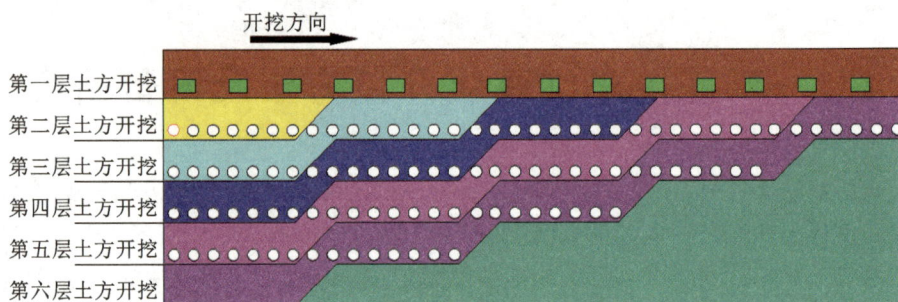

图 4-1　竖向分层开挖示意图

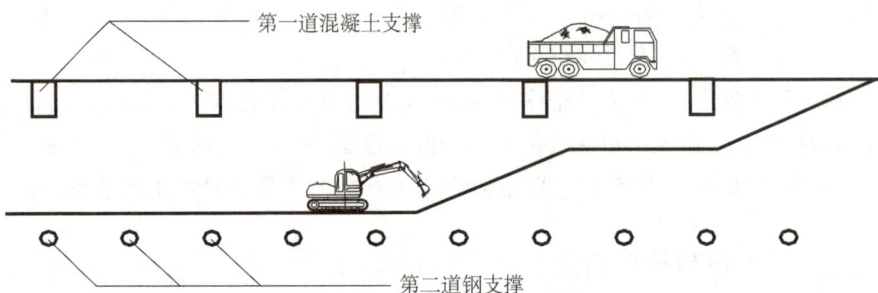

图 4-2　第一、第二层土方开挖示意图

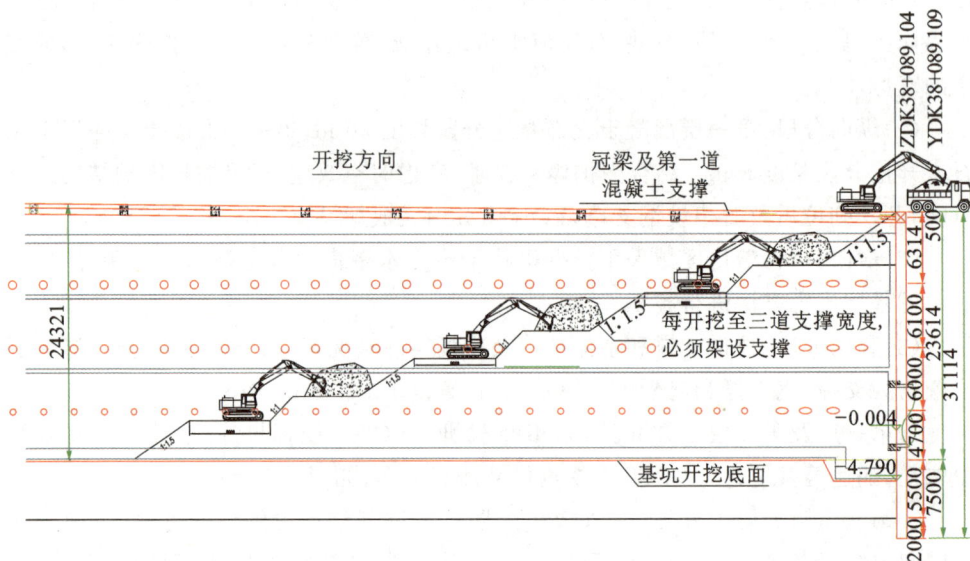

图 4-3　第三至第五层土方开挖示意图(单位:mm)

③第六层土方开挖:采用 PC200 挖掘机配合吊斗开挖,如图 4-4 所示。

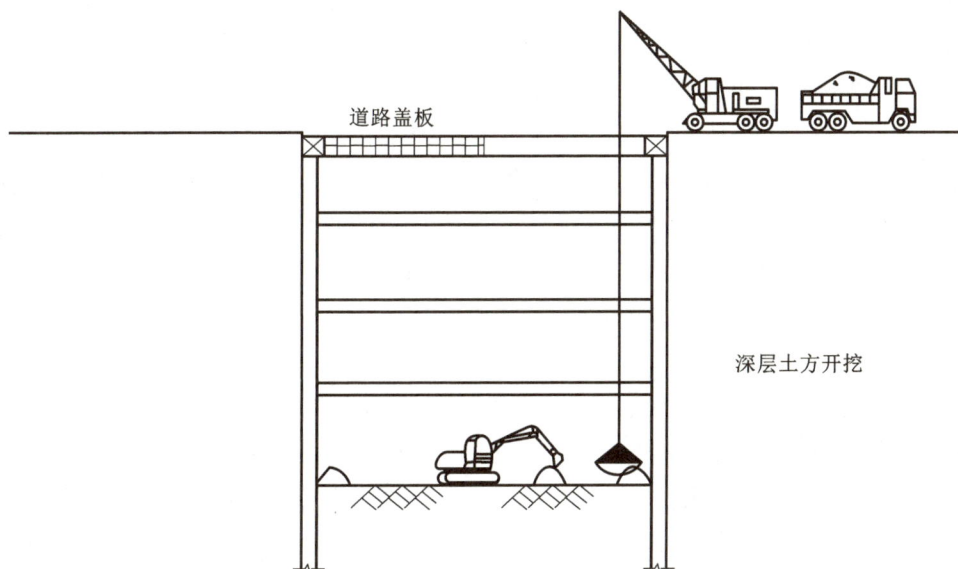

图 4-4　第六层土方开挖示意图

4.1.2　开挖设备

根据工期计划,基坑开挖应满足土方 900 m^3/d、石方 300 m^3/d 的开挖量,方可保证按时完成施工任务。

(1)土方开挖设备。

基坑开挖杂填土、素填土及砾砂层时,由于基坑狭长,挖机运速较低,且盖板下部第二道钢支撑距盖板位置净空 4.5 m,PC200 挖掘机无法正常工作。因此采用 6 t 装载机进行开挖施工。土方装车为 10 min/车,每车方量为 20 m^3,出渣时间为 23:00 至次日 5:00。每个出土点可实现虚方外运 600 m^3,按松散系数 1.3 计算,实际开挖方量为 461 m^3,为满足施工要求,基坑开挖过程中设置了 2 个出土点。

(2)石方开挖设备。

因施工区域在市中心,基坑周边建筑物密集,且多为老旧建筑物,石方开挖不具备爆破施工条件,因此采取机械开挖。

若采用 PC200 挖掘机安装液压破碎锤进行岩层破除,PC200 挖掘机配合转运开挖,根据实际施工情况可知,第一组底板施工面积 400 m^2,岩层平均厚度约为

9.5 m,岩层方量 3800 m³,因施工作业面狭小,只能使用一台液压破碎锤破除施工,破除开挖需 15 d,平均每天破除开挖 250 m³ 岩层,不能满足工期计划。且使用破碎锤每天破除 12 h,挖掘机满负荷破除作业易损坏,工作效率低、维修成本高。

液压破碎锤不能满足施工要求,须改变岩层破除设备,经研究探讨及多方论证,中风化泥质粉砂岩岩质松散,抗压强度仅为 6 MPa,破除后的岩层呈碎片状、小块状,在软岩开挖方面,岩石臂(鹰嘴钩)相比传统的破碎锤,具有高效率、低损耗的优势,破碎成本低,维护成本低。根据现场实际开挖情况,使用 PC200 挖掘机加装岩石臂进行岩层开挖,第二组开挖面 500 m²,开挖石方量 4750 m³,实际开挖时间 12 d,平均每天开挖石方 396 m³,满足工期计划不小于 300 m³/d 的开挖量。

(3)多种设备配合作业。

由于半盖挖车站特殊的围护结构设置,最大化装载机的作用可有效提升整个开挖作业的效率。通过纵向分段、横向分块、竖向分层,当基坑开挖入岩之后,使岩石臂、挖掘机、装载机协同作业,实现白天破岩、转运至出土点,夜间集中出土,可有效提升土石方的整体开挖效率,既充分利用了不同设备针对不同地质的适用性,又解决了车站周边无法设置多个出土点的难题,优化了周边建筑物林立、施工作业面狭小的半盖挖车站基坑开挖的设备配置。

4.2 半盖挖车站钢支撑架设总体方案设计

本工程钢支撑作业量大,且半盖挖系统下钢支撑架设施工空间狭小,安全风险高,因此如何高效、安全地架设钢支撑是本工程的重点。

目前在国内类似工程的施工中,由于盖挖顶板下大型起吊设备等无法进入,且钢支撑构件较长、重量大,顶板下格构柱密,一般需要通过基坑外的门式起重机等起吊设备把拼装好的钢支撑吊入架设位置附近,再用挖掘机配合人工进行安装,因为需用挖掘机进行调运,所以要控制好每层台阶的开挖长度,便于挖掘机对钢支撑的调运和安装。

针对这一现状,本项目提出了在半盖挖系统下架设基坑钢支撑时采用地面门式起重机+盖板下悬挂轨道式电动葫芦的吊装体系联合作业的施工方法,如图 4-5、图 4-6 所示,既保证施工安全,又能提高施工效率,有效推进了施工进度。

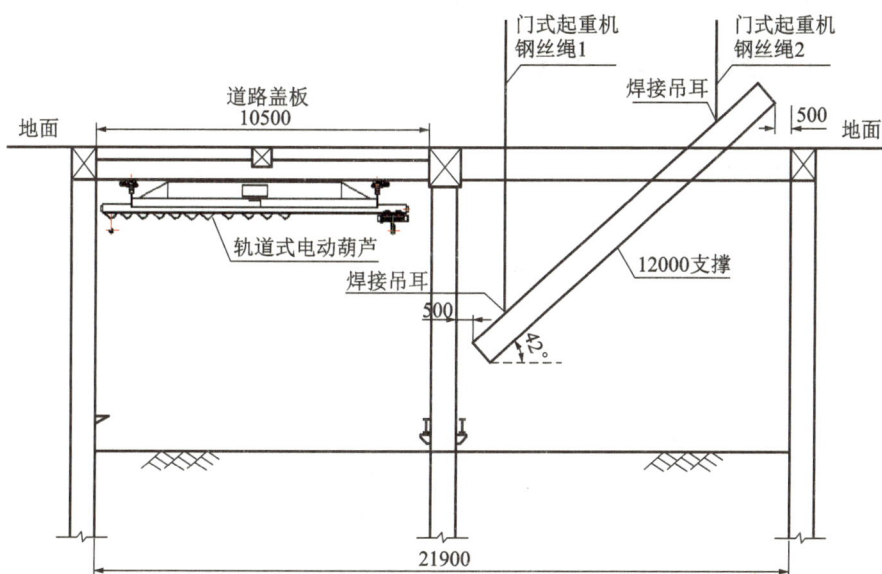

图4-5 钢支撑吊装示意图（单位：mm）

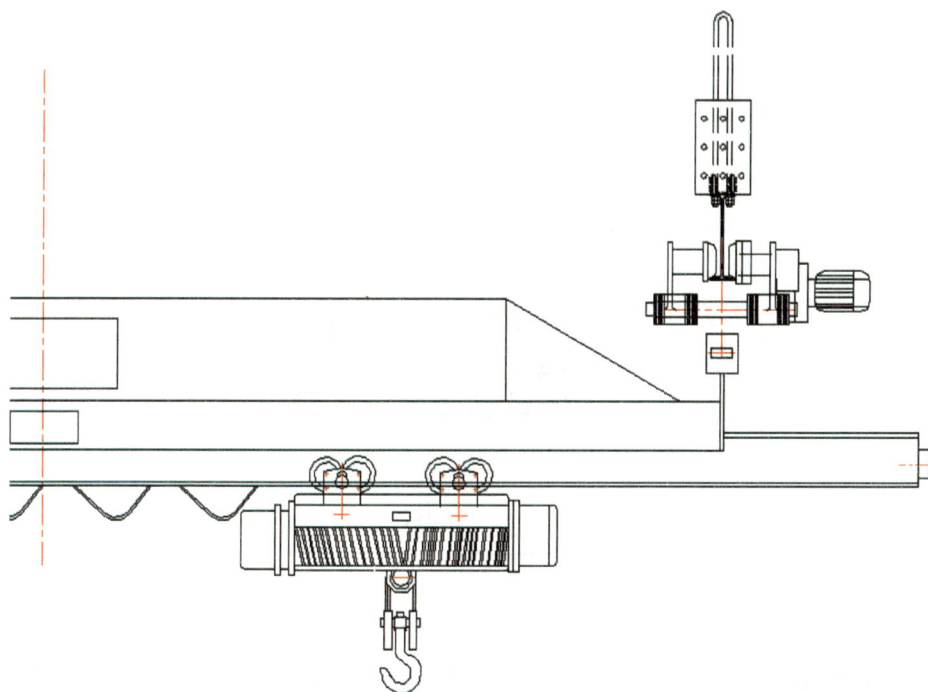

图4-6 盖板下悬挂轨道式电动葫芦大样图

4.2.1　盖板下吊装系统验算

（1）悬挂轨道式电动葫芦选择及验算。

1）运行电机验算。

本钢支撑架设方案配备 1 个电动葫芦，4 台运行电机，电机型号为 ZDY21-4，功率为 1.5 kW，满负荷运行速度 20 m/min，起重机自重 4.2 t，吊重 10 t。现进行运行电机验算。

$$P_{静} = Q \times V \times \frac{\mu}{\eta m} \tag{4-1}$$

式中，$P_{静}$ 表示运行电机静载荷功率；Q 表示起重机自重＋吊重（14.2 t）；μ 表示滚动摩擦系数，取 0.02，V 表示运行速度，取 20 m/min（＝0.33 m/s），η 表示机械效率，m 表示电机数量。

为克服启动时加速度，静荷载功率需乘增大系数 1.25，得到 $P_{动}$＝0.31 kW。本设备选用电机的额定功率 $P_{额}$＝1.5 kW＞0.31 kW，满足要求。

2）主梁刚度验算。

悬挂轨道的外形尺寸如图 4-7 所示。

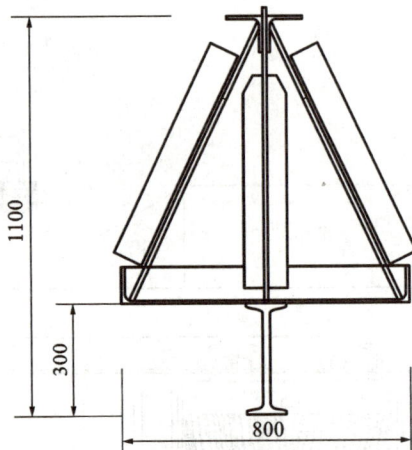

图 4-7　主梁外形尺寸（单位：mm）

主梁两端简化为简支梁，受葫芦和吊物作用于跨中的集中荷载及梁本身自重影响，现根据材料力学公式进行主梁刚度验算。

$$\omega_p = \frac{pl^3}{48EI_x} \qquad (4-2)$$

$$\omega_{自} = \frac{5ql^4}{384EI_x} \qquad (4-3)$$

式中，ω_p 表示集中荷载产生的位移；$\omega_{自}$ 表示梁自重产生的位移；p 表示葫芦自重＋吊重；q 表示主梁自重/跨度；l 表示跨度；E 表示弹性模量；I_x 表示惯性矩。

3）主梁应力验算。

主梁材质为 Q235 钢，钢筋屈服强度 $f_y = 215$ MPa，剪切力 $f_v = 125$ MPa，同样简化为简支梁，受到自重恒载的作用，当计算最大弯矩时，活载集中力 135 kN 作用在跨中；当计算最大剪力时，活载集中力作用在支座。取最不利组合（1.20×恒载＋1.40×活载）计算得到，弯矩设计值为 0～397.2 kN/m，剪力设计值为 0～198.6 kN，从而进行主梁应力验算。

最大剪应力满足

$$\tau = V_{max} \times S_z / (I_x t_w) \qquad (4-4)$$

式中，V_{max} 为构件最大剪力；S_z 是截面对中性轴的静矩；t_w 是截面宽度。

上边缘压应力满足

$$\sigma = M_{max} / W_{x上} \qquad (4-5)$$

式中，M_{max} 为截面最大弯矩；$W_{x上}$ 为上截面模量。

下边缘拉应力满足

$$\sigma = M_{max} / W_{x下} \qquad (4-6)$$

式中，$W_{x下}$ 为下截面模量。

稳定应力满足

$$\sigma = M_{max} / (\phi_b W_x) \qquad (4-7)$$

式中，ϕ_b 为整体稳定系数（需根据截面类型、荷载分布查规范确定）；W_x 为截面模量。

（2）临时系统验算。

1）盖板验算。

临时路面盖板为钢筋混凝土结构，采用《混凝土结构设计标准（2024 年版）》（GB/T 50010—2010）进行验算。盖板架设在混凝土梁上，取两端简支梁，根据设计图纸，盖板跨度有 4.8 m 和 5 m 两种，按最不利的情况取计算长度 $l = 5$ m，板厚 $h = 400$ mm。

恒载为盖板的自重 $g_k = 10$ kN/m，活载包括两部分：一为吊重、悬挂轨道、电动葫芦的集中荷载,按单边取值,吊重集中荷载 $F_{吊}=143$ kN,距右边支座 1.5 m;二为汽车荷载,按相关规范取为对称作用于盖板跨中的集中荷载,$F_{吊}$ 大小为 100 kN,冲击系数取 0.4,永久荷载分项系数 $\gamma_g=1.2$,可变荷载分项系数 $\gamma_q=1.4$,$\psi_q=1$。盖板计算简图如图 4-8 所示。

其他验算所需参数为,纵向受拉钢筋合力点至近边距离 $a_s=30$ mm,最外层纵向受拉钢筋外边缘至受拉区底边的距离 C_s 取 20 mm,板截面有效高度 $h_0=370$ mm,系数 $\alpha_1=1$,相对界限受压区高度 $\xi_b=0.518$,最小配筋率 $\rho_{min}=0.2\%$,构件受力特征系数 $\alpha_{cr}=1.9$,受拉区纵向钢筋的等效直径 $d_{eq}=22$ mm。

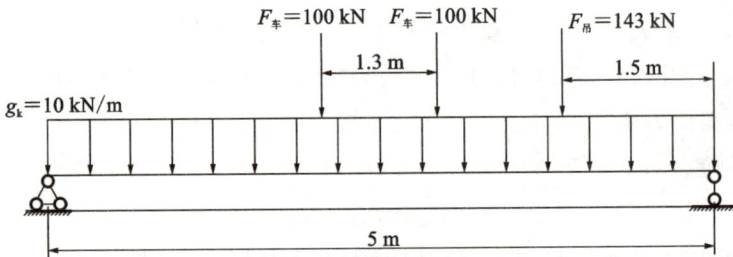

图 4-8　盖板计算示意图

① 配筋计算。

盖板自重产生的跨中弯矩

$$M_1 = \frac{g_k l^2}{8} \tag{4-8}$$

吊重、轨道、电动葫芦产生的跨中弯矩

$$M_2 = \frac{2.5}{3.5} \times \frac{F_{吊}\, ab}{l} \tag{4-9}$$

式中,a、b 为吊重集中荷载至左、右边支座的距离。

车辆荷载产生的跨中弯矩

$$M_3 = (1+0.4) \times F_{车} \times \frac{5-1.3}{2} \tag{4-10}$$

式中,$F_{车}$ 为车辆荷载。

弯矩设计值

$$M = \gamma_g M_1 + \gamma_q (M_2 + M_3) \tag{4-11}$$

截面受压区高度

$$x = h_o \left(1 - \sqrt{1 - \frac{2M}{\alpha_1 f_c bh_o^2}} \right) \qquad (4\text{-}12)$$

式中, f_c 为混凝土的轴心抗压强度。

所需钢筋面积

$$A_s = \frac{\alpha_1 f_c bx}{f_y} > \rho_{min} bh \qquad (4\text{-}13)$$

②正截面承载力验算。

截面受压区高度

$$x = \frac{f_y A_s}{\alpha_1 f_c b} \qquad (4\text{-}14)$$

极限承载力

$$M_u = \alpha_1 f_c bx \left(h_o - \frac{x}{2} \right) \qquad (4\text{-}15)$$

③最大裂缝宽度、跨中挠度验算。

按荷载效应准永久组合计算的跨中最大弯矩

$$M_q = M_1 + \psi_q (M_2 + M_3) \qquad (4\text{-}16)$$

按荷载效应标准组合计算的跨中最大弯矩

$$M_k = M_1 + M_2 + M_3 \qquad (4\text{-}17)$$

裂缝截面处钢筋应力

$$\sigma_{sq} = \frac{M_q}{0.87 A_s h_o} \qquad (4\text{-}18)$$

有效受拉混凝土截面面积

$$A_{te} = 0.5bh \qquad (4\text{-}19)$$

按有效受拉钢筋混凝土截面面积计算的纵向钢筋配筋率

$$\rho_{te} = A_s / A_{te} \qquad (4\text{-}20)$$

纵向钢筋应变不均匀系数

$$\psi = 1.1 - \frac{0.65 f_{tk}}{\rho_{te} \times \sigma_{sq}} \qquad (4\text{-}21)$$

式中, f_{tk} 为钢筋的抗拉强度; σ_{sq} 为钢筋应力。

钢筋弹性模量与混凝土弹性模量的比值

$$\alpha_E = \frac{E_s}{E_c} \qquad (4\text{-}22)$$

纵向受拉钢筋配筋率

$$\rho = A_s/(bh_o) \tag{4-23}$$

受弯构件的短期刚度

$$B_s = \cfrac{E_s A_s h_o^2}{1.15\psi + 0.2 + \cfrac{6\alpha_E \rho}{1 + 3.5\gamma_f'}} \tag{4-24}$$

式中,γ_f'为受压翼缘加强系数;ψ为应变不均匀系数。

受弯构件刚度

$$B = B_s/\theta \tag{4-25}$$

式中,θ为截面应变。

最大裂缝宽度

$$\omega_{max} = \alpha_{cr}\psi\frac{\sigma_{sq}}{E_s}\left(1.9C_s + 0.08\frac{d_{eq}}{\rho_{te}}\right) \tag{4-26}$$

式中,α_{cr}为裂缝形式系数;d_{eq}为钢筋等效直径。

跨中挠度

$$f = \frac{5}{48} \times \frac{M_k l^2}{B} \tag{4-27}$$

最大裂缝宽度、跨中挠度满足要求。

2)支撑、立柱体系验算。

采用 ABAQUS 有限元软件对支撑、钢立柱体系进行变形、内力计算,结构参数如表 4-1 所示。支撑、立柱体系计算示意图如图 4-9 所示,$g_k = 10$ kN/m,$F_{吊} = 75.5$ kN,距左、右连续墙 1.5 m,车辆荷载按《城市桥梁设计规范(2019 年版)》(CJJ 11—2011)取值,大小为 100 kN,冲击系数取 0.4。

表 4-1 　　　　　　　　　　　　　　结构材料参数

项目	弹性模量/kPa	泊松比	截面尺寸/mm	本构模型
混凝土支撑	30000000	0.3	1000×800	弹性
地下连续墙	30000000	0.3	1000×1000	弹性

①混凝土支撑变形、应力。

结构竖向变形云图及 X 方向主应力云图如图 4-10、图 4-11 所示。混凝土支撑变形、应力曲线见图 4-12～图 4-14。

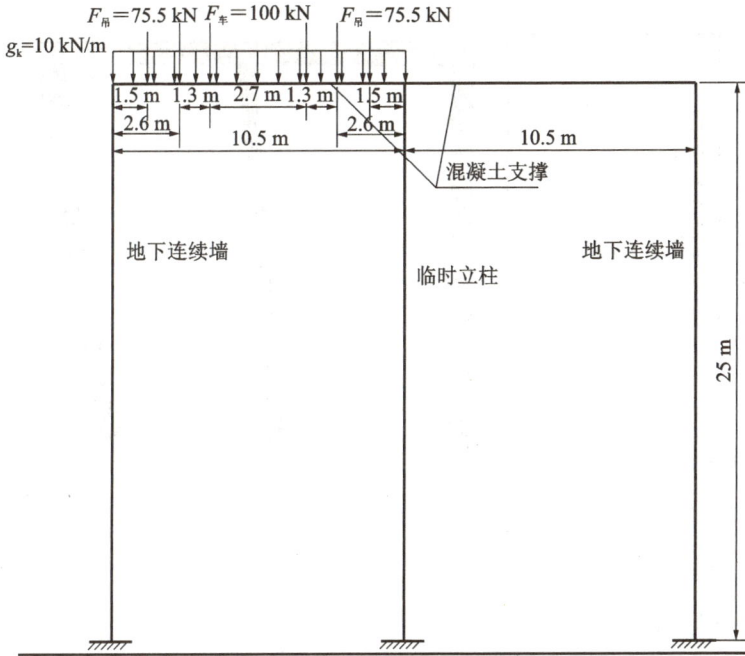

图 4-9 支撑、立柱体系计算示意图

图 4-10 竖向变形云图

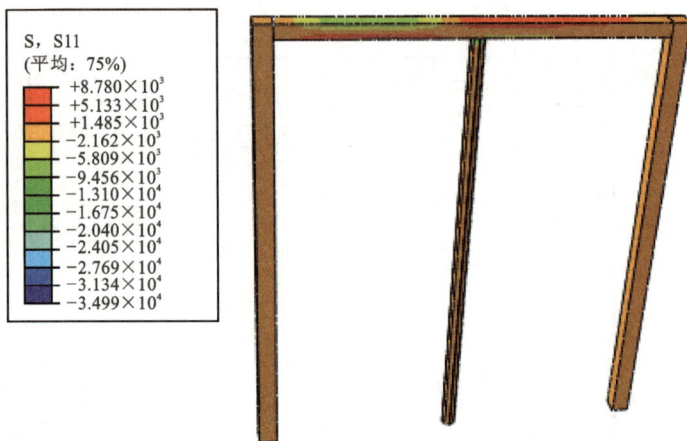

图 4-11　X 方向主应力云图

②钢立柱变形、应力。

结构水平变形云图及 Z 方向主应力云图如图 4-15～图 4-16 所示。钢立柱变形、应力曲线见图 4-17～图 4-18。

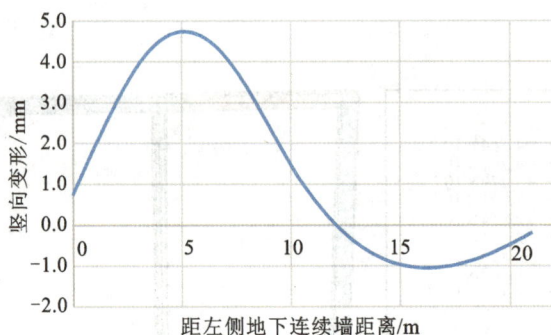

图 4-12　混凝土支撑下表面竖向变形

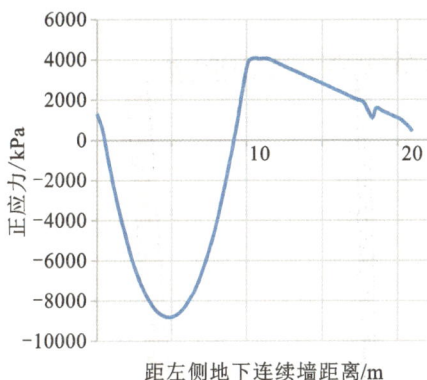

图 4-13　混凝土支撑截面上边缘正应力

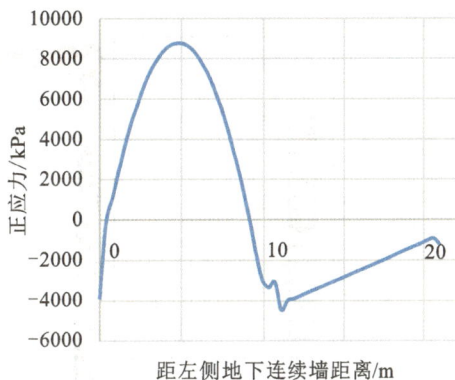

图 4-14　混凝土支撑截面下边缘正应力

图 4-15　水平变形云图

从以上计算结果可以看出,混凝土支撑最大竖向变形为 7 mm,远小于相关规范规定的挠度限值,最大压应力 8806 kPa,最大拉应力 8752 kPa,均小于混凝土的抗压强度设计值 $f_c = 14.3$ MPa,钢筋的抗拉、抗压强度设计值 $f_y = f'_y = 360$ MPa;钢立柱的最大水平变形为 1.8 mm,最大压应力为 27164 kPa,均小于相关规范限值及强度设计值。从而得到混凝土支撑、钢立柱结构体系满足变形、强度要求。

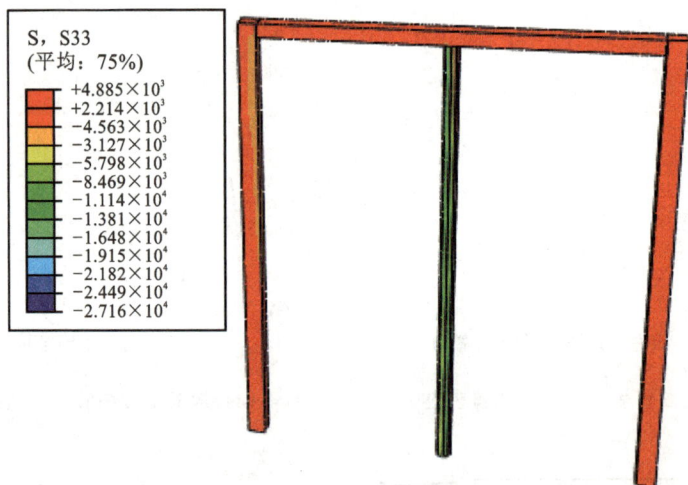

图 4-16 Z 方向主应力云图

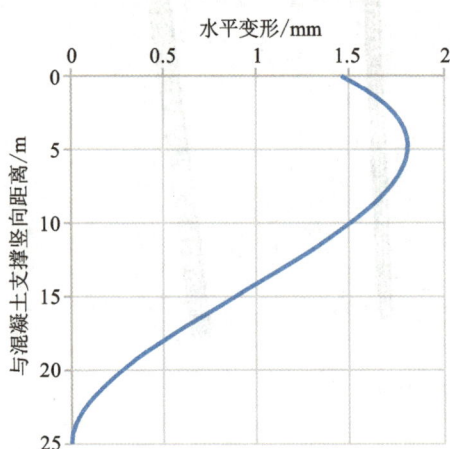

图 4-17 钢立柱水平变形

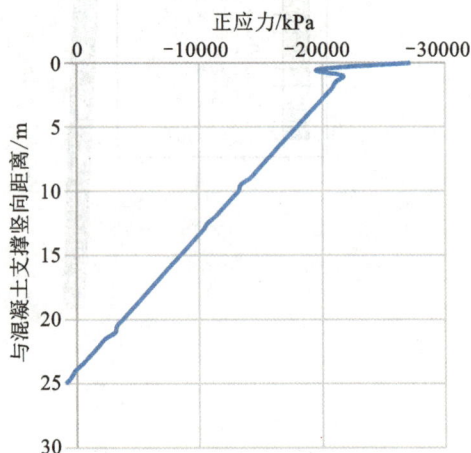

图 4-18 钢立柱截面正应力

(3)预埋件及轨道连接安全性计算。

进行预埋件及轨道连接安全性计算时,取轨道两端固支,吊装葫芦系统按 13.5 t 计,则作用于单侧门式起重机轨道的集中力为 67.5 kN,分荷载作用于跨中和支座两种情况按《钢结构设计标准》(GB 50017—2017)进行验算。

1)吊装葫芦位于跨中。

当吊装葫芦位于跨中时,计算得弯矩、剪力最大值为 $M=31$ kN/m,$V=32$ kN,轨道和盖板间采用直角角焊缝焊接,取焊缝计算长度 $l_w=409$ mm,焊缝计算厚度 $h_e=7$ mm,轨道为 Q235 钢,则 $f_f^w=160$ N/mm²,焊缝强度设计值增大系数 $\beta_f=1$。

$$\sigma=\frac{M}{l_w^2 \times h_e/6} \leqslant f_f^w \times \beta_f \qquad (4-28)$$

$$\tau=\frac{V}{l_w \times h_e} \leqslant f_f^w \qquad (4-29)$$

$$\sqrt{(\sigma_f/\beta_f)^2+\tau^2} \leqslant f_f^w \qquad (4-30)$$

式中,σ_f 为构件应力。

由上述计算可知,满足此工况焊缝长度为 409 mm,实际轨道与盖板处焊缝长度约 1100 mm,与支撑连接处焊缝长度为 800 mm(单侧 2 块),满足要求。

2)吊装葫芦位于支座。

吊装葫芦位于支座时,计算得弯矩、剪力最大值为 $M=10$ kN/m,$V=86$ kN,同样采用直角角焊缝焊接,取焊缝计算长度 $l_w=238$ mm,焊缝计算厚度 $h_e=7$ mm,其余参数含义同前,按式(4-28)~式(4-30)的公式进行计算。

$$\sigma=\frac{M}{l_w^2 \times h_e/6} \leqslant f_f^w \times \beta_f$$

$$\tau=\frac{V}{l_w \times h_e} \leqslant f_f^w$$

$$\sqrt{(\sigma_f/\beta_f)^2+\tau^2} \leqslant f_f^w$$

由上述计算可知,满足此工况焊缝长度为 238 mm,实际轨道与盖板处焊缝长度约 1100 mm,与支撑连接处焊缝长度为 800 mm(单侧 2 块),满足要求。

4.2.2 半盖挖车站门式和悬挂式起重系统联合架设钢支撑施工工艺

(1)悬挂起重机架设的施工工艺。

为了保证整个盖板下悬挂式起重机安装之后的稳定性及安全性,施工过程中需严格控制预埋件及悬挂式起重机安装精度。其施工流程图见图 4-19。

1)测量放线。

测量人员利用全站仪根据已闭合的导线点进行放样与复测,放出桩位线,增设控制桩并加固,控制桩位置选在不易移动和车辆压不到的地方。

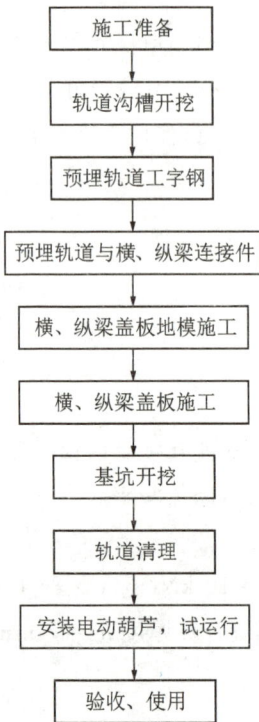

图 4-19 安装悬挂式
起重机的施工流程

2）土方开挖。

根据设计图纸依次进行盖板，按纵梁、次梁中心线及混凝土支撑中心线开挖，开挖过程严格控制标高。基坑土方开挖至临时铺盖板、梁、混凝土支撑底标高以下 5 cm 处，开挖坡度 1∶0.5。示意图详见图 4-20。

3）轨道安装。

根据测量放线，准确放样出悬挂式起重机预埋钢板的中心线。人工开挖至预埋工字钢轨道底标高下 5 cm，宽度 20 cm。开挖完成后，采用自拌水泥砂浆找平，严格控制砂浆面标高，表面平整度误差不超过 5 mm。若局部平整度达不到要求，则采用 1∶1 超细水泥砂浆浇筑找平。待水泥砂浆施工完成 24 h 之后，在上面铺设一层塑料薄膜，安装 I40C 工字钢轨道。工字钢轨道顶标高需严格控制，搭接位置应顺畅无错台。如图 4-21 所示。接头处两轨道横向错位和高低差均不得大于 1 mm。焊接轨道接头的顺序是由下至上，逐层逐道进行堆焊，最后修补周围。焊接其轨道接头时，设置临时卡具固定钢轨，以便焊接。

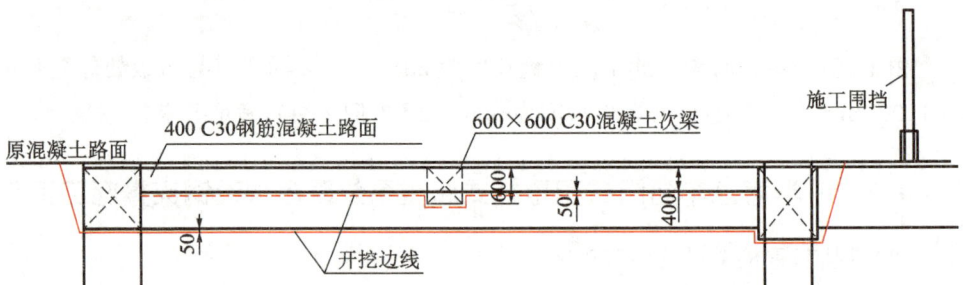

图 4-20 土方开挖示意图（单位：mm）

精确定位后，工字钢每隔 2 m 采用 φ22 钢筋固定，固定牢固后复核位置标高，安装 φ32 预埋螺栓，如图 4-22、图 4-23 所示，最后采用中粗砂人工回填，回填标高与支撑开挖面相同。U 形螺杆、挂板连接件大样图见图 4-24、图 4-25。

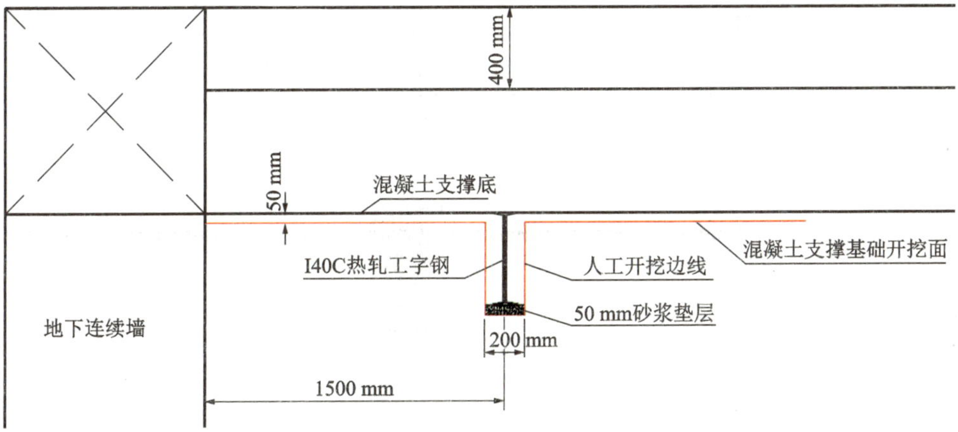

图 4-21　工字钢安装示意图

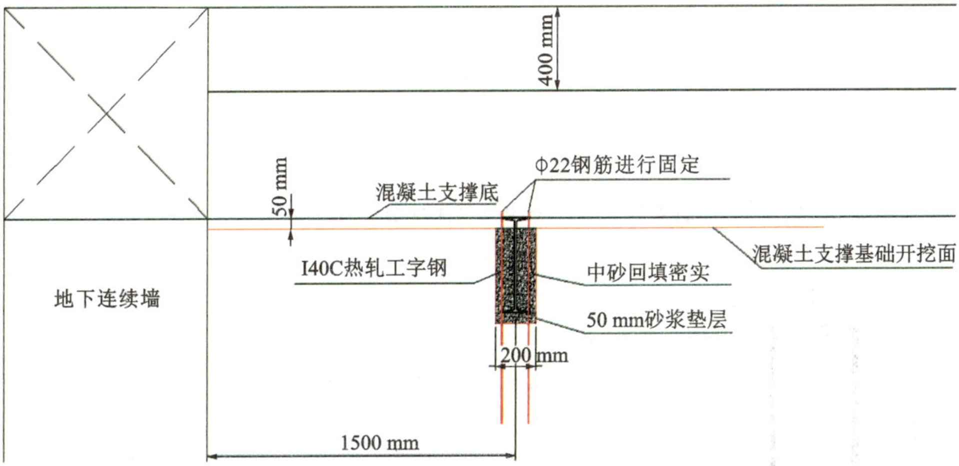

图 4-22　工字钢固定示意图

4)加强钢板施工。

混凝土支撑及盖板钢筋绑扎的同时安装轨道加强措施。有混凝土支撑段与没有混凝土支撑段分别采用图 4-26 中左边与右边的加固措施。绑扎支撑和盖板钢筋时，预埋与 φ28 锚固筋连接的 2 cm 厚钢板，钢板与锚固筋采用穿孔塞焊及 φ28 对拉螺杆加强工艺。采用 200 mm×200 mm 的 2 cm 厚钢板将工字钢轨道与预埋钢板焊接，并保证焊接质量。详见图 4-27、图 4-28。

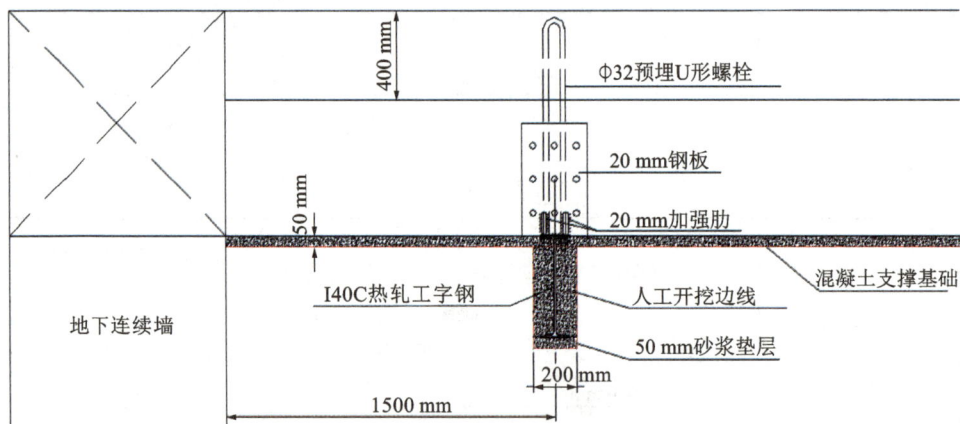

图 4-23　U 形螺杆及挂板施工

图 4-24　φ32 U 形螺杆大样图（单位：mm）

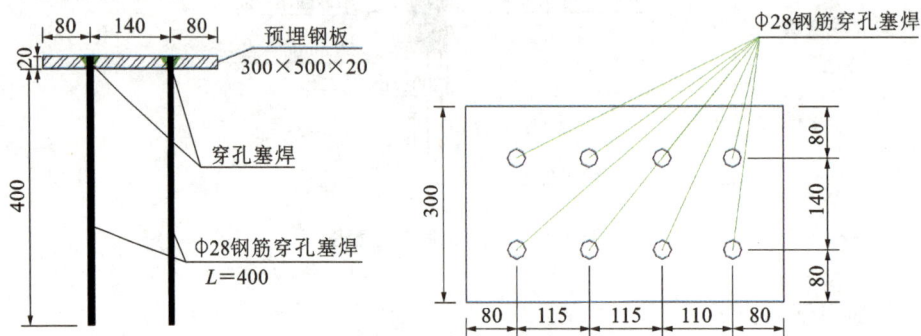

图 4-25　挂板连接件大样图（单位：mm）

5）清理轨道。

开始基坑开挖时，盖板下开挖至 1.5 m 时，消除可能的坠物，找出悬挂起重机轨道，进行清理。

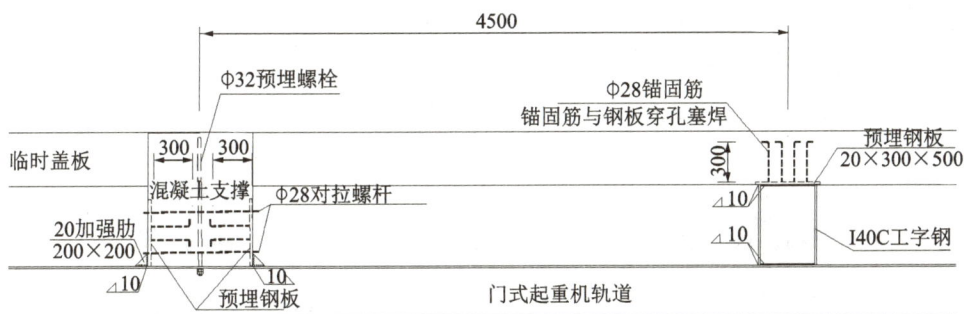

图 4-26　轨道加固纵剖面图（单位：mm）

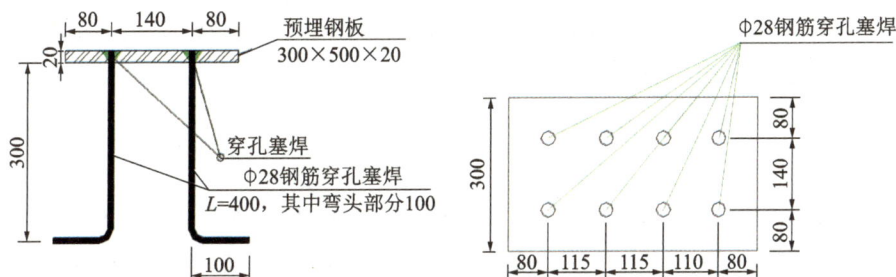

图 4-27　盖板连接件详图（单位：mm）

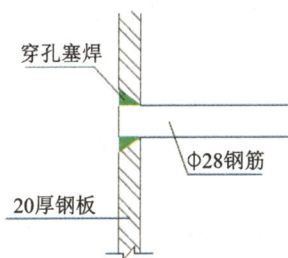

图 4-28　穿孔塞焊示意图（单位：mm）

6）悬挂式起重机安装。

清理完成，确认轨道安全并具备悬挂起重机条件后，按照相关规范及说明进行门式起重机安装。电动葫芦到达安装地点后，首先检查在运输途中有无损坏，若发现有损坏，及时修复后方可使用。清点设备技术文件，核查设备型号是否符合设计要求，并按施工方案进行门式起重机安装。详见图 4-29。

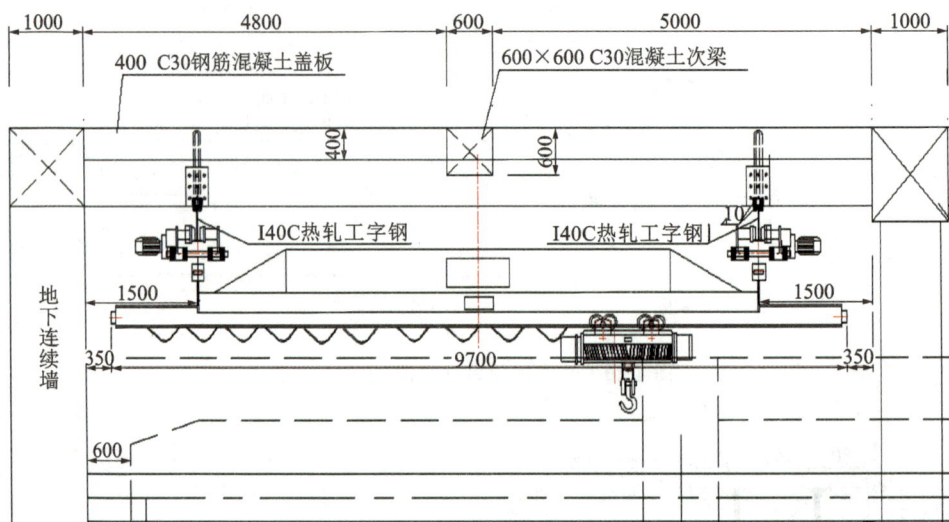

图 4-29 盖板下悬挂轨道式起重机横剖面图(单位:mm)

（2）钢支撑架设。

钢管支撑架设是基坑开挖过程中一个极其重要的环节,对维护基坑稳定、防止围护结构位移变形发挥重要的作用。支撑架设采用吊机＋门式起重机＋悬挂式起重机的吊装体系吊装。

钢支撑主要由三大部分组成:固定端、中间段和活络端。钢支撑选用标准节段长度,根据现场距离选择合适的节段,用高强螺栓连接法兰盘拼接成要求长度。

钢支撑架设流程如图 4-30 所示。

钢支撑安装前,在地面进行预拼接,以检查钢支撑的平直度,其两端中心连线的偏差度控制在 20 mm 以内,经检查合格的钢支撑按部位进行编号,以免错用,各部分的钢支撑采用整体一次性吊装到位。

吊装时必须采用分节吊装。在地面将钢支撑拼装成长度不同的 2 段,用龙门式起重机将长节钢支撑吊到指定位置。分次吊入基坑,具体操作流程如下。

①采用门式起重机将长节钢支撑吊入基坑。在地面时提前在长节钢支撑上焊接吊耳,卸扣连接钢丝绳,防止钢丝绳滑脱。

②支撑倾斜下放到指定位置后,缓缓向盖板侧平移电动葫芦,并下放门式起重机钢丝绳 2,使钢支撑摆放水平,并将钢支撑一段摆放于钢系梁上,见图 4-31。

③长节钢支撑处于水平且一段置于钢系梁后,将门式起重机钢丝绳 1 取下,钢系梁端另外系一根钢丝绳,使用悬挂式起重机钢丝绳抬吊,确保钢支撑呈水平状态,门

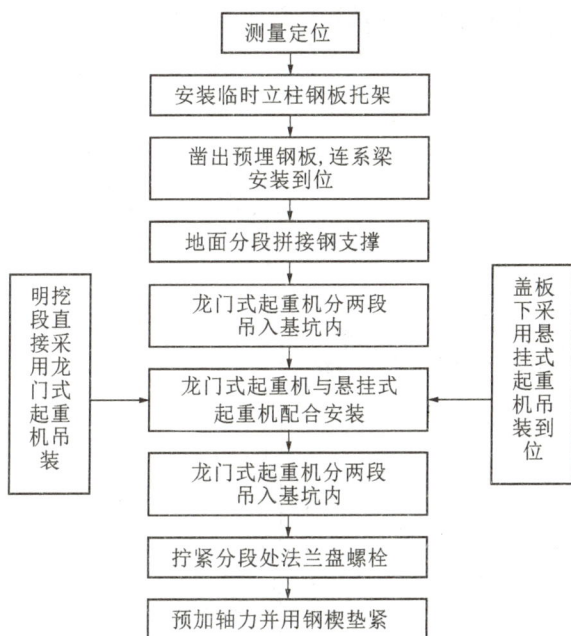

图 4-30　钢支撑架设流程示意图

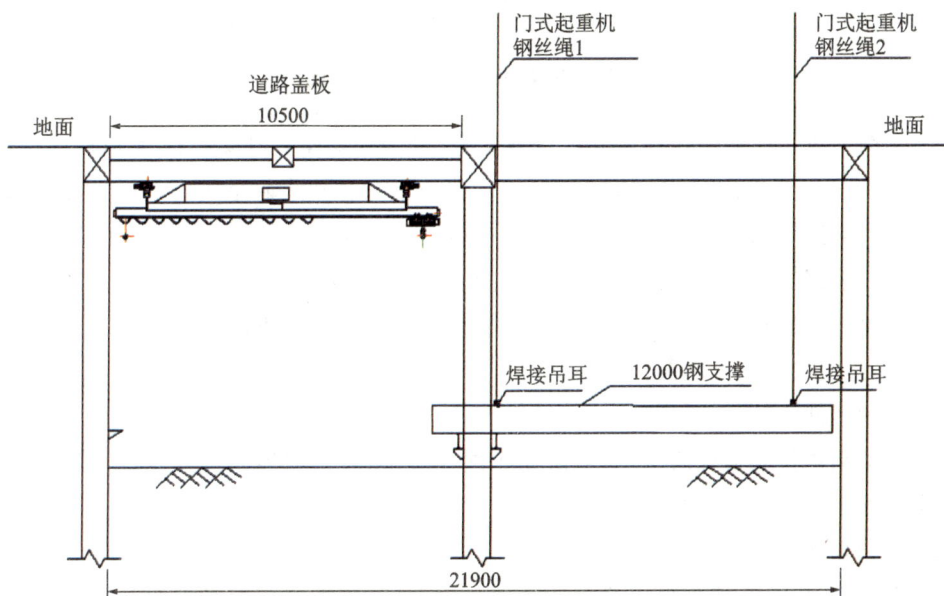

图 4-31　钢支撑安装施工流程图1(单位:mm)

式起重机钢丝绳与悬挂式起重机钢丝绳连线垂直于线路中心线。悬挂式起重机钢丝绳和门式起重机钢丝绳2以同一速度共同抬吊钢支撑缓缓向盖板下移动至门式起重机钢丝绳2最左端位置,具体见图4-32。

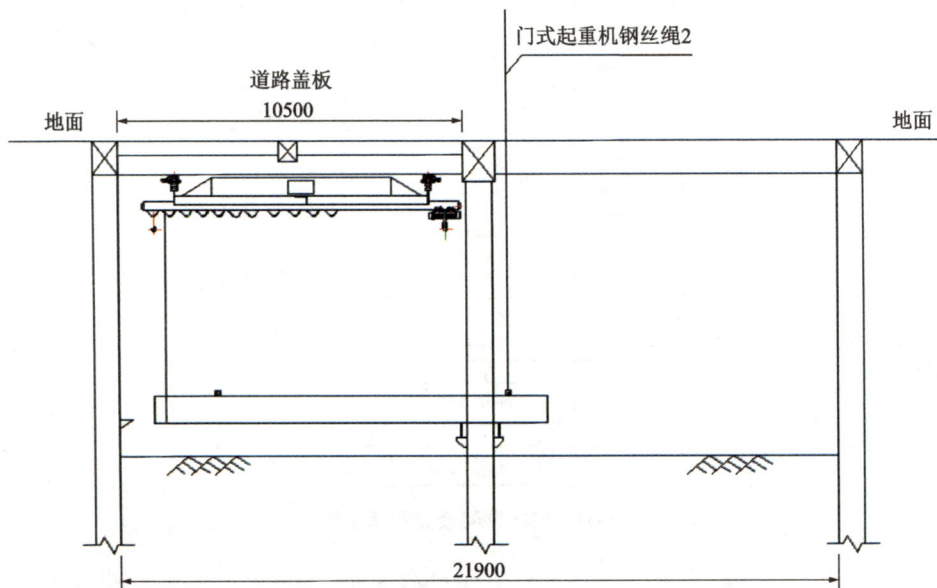

图4-32 钢支撑安装施工流程图2(单位:mm)

④钢支撑左端采用悬挂式起重机钢丝绳抬吊,右端置于钢系梁上,然后取下门式起重机钢丝绳2,换用门式起重机钢丝绳1和盖板下悬挂式起重机钢丝绳,以同一速度缓慢共同抬吊钢支撑于设计位置,见图4-33。

⑤长节钢支撑安装到位后,采用门式起重机平吊短节钢支撑到设计位置,拼装两节钢支撑,并按照设计要求施加预应力完成安装,见图4-34、图4-35。

(3)施工关键点控制及针对性措施。

1)预埋件安装。

电动葫芦位于盖板之下,轨道需提前预埋安装,轨道安装精度要求高,施工过程中采取如下措施:

①勤量测。

在施工过程中,增加施工量测的频率。应做到:预埋件安装前有桩位,预埋件安装过程中有监控,预埋件安装完成后有校正。

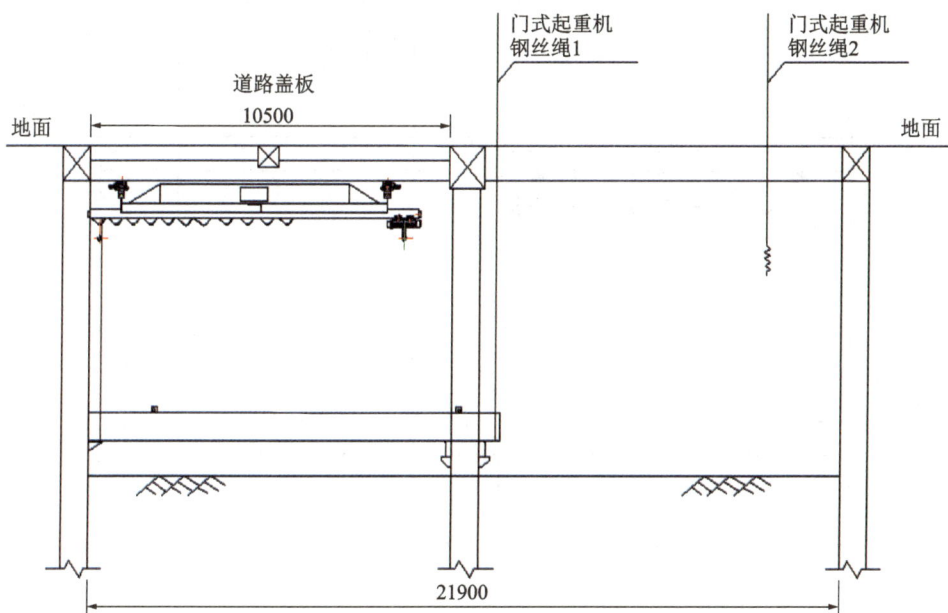

图 4-33 钢支撑安装施工流程图 3（单位:mm）

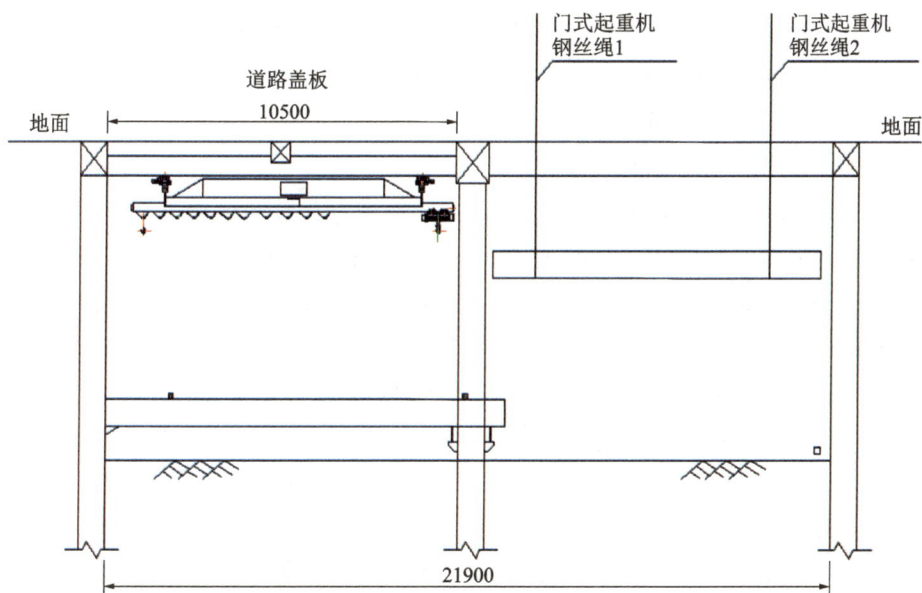

图 4-34 钢支撑安装施工流程图 4（单位:mm）

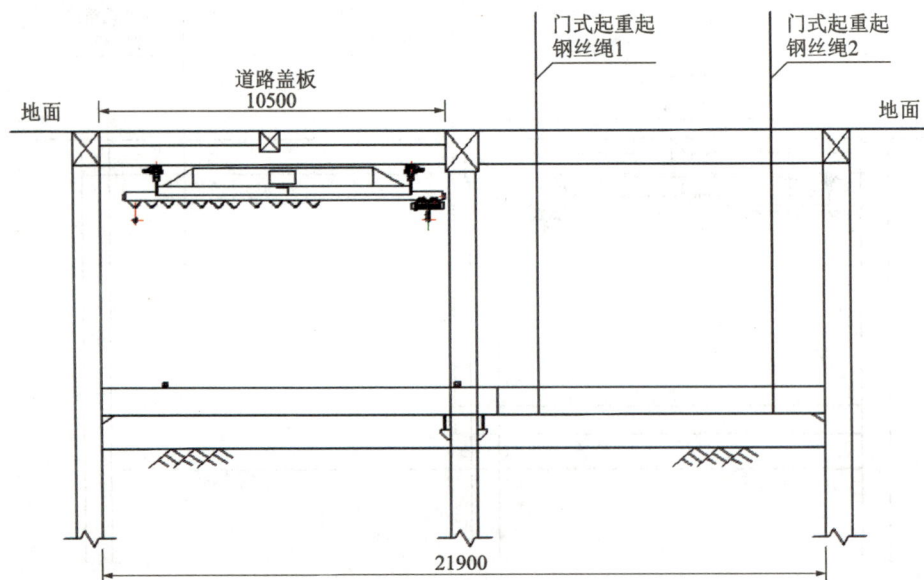

图 4-35　钢支撑安装施工流程图 5(单位:mm)

②精施工。

施工过程中,增强作业人员的质量管理意识,严格按照技术方案要求进行施工,避免返工;加强施工过程中的质量检查,发现问题及时整改;严格执行质量检查制度,若上道工序不合格,严禁进行下道工序,确保每一步工序都符合要求。

③严标准。

应严格遵循以下标准:轨道中心位置相对设计定位轴线的偏差不超过 5 mm;轨道梁顶面标高相对设计标高的偏差为 5～10 mm;预埋轨道工字钢接头接缝宽度为 1～2 mm;接头处两轨道横向错位和高低差均不得大于 1 mm;轨道梁的水平旁弯不超过 1/1500,轨道梁垂直方向上拱不超过 10 mm;轨道梁中心位置对设计定位轴线的偏差不超过 5 mm,如不符合要求,则应调整轨道梁定位,再安装轨道;相邻两轨道梁接头部位,两轨道梁顶面高度差不超过 1 mm,中心侧向错位不超过 3 mm。

2)地模平整度。

临时结构直接在原状土或换填夯实的地基上进行地模施工,而地模的平整度将直接关系顶板的外观质量。施工过程中采取以下措施:对松软土层应进行换填夯实处理,并加厚此处垫层,以保证地模的强度、刚度,最大限度减小结构在施工过程中的不均匀沉降;地模施工过程中,测量人员 24 h 跟踪测量,保证平面的平整性;对临时铺盖板进行分区分块,减少混凝土开裂。

3)悬挂轨道式电动葫芦安装。

悬挂轨道式电动葫芦安装是否准确到位,将直接影响后续施工的安全。施工过程中应采取以下措施:

①设备开箱检查验收。按装箱清单检查设备零部件材料及附件的型号、规格、数量,应符合设计和设备技术文件的要求,且有出厂合格证,机电设备应未变形、损伤和锈蚀,尤其是钢丝绳不得有锈蚀、损伤、弯折、打环、结扣、裂嘴、松散和断丝现象。

②轨道验收。轨道安装的实际中心线与安装基准线的水平位置的偏差不得大于 5 mm,轨道上应有限位装置及缓冲装置,以防葫芦脱轨。

③钢丝绳与吊钩的安装应按设备技术文件规定采用缠绕方法进行,其钢丝绳头与卷筒体及吊钩的固定方法、紧固件拧紧度均应严格按技术文件标准执行。

④在安装完毕后应进行一次全面检查,检查内容如下:电动葫芦的电气装置是否适合安装地点的电流种类和工作电压;电气线路连接是否正确可靠;限位装置动作是否正确、灵活、可靠;所有需润滑部分是否分别充分润滑;车轮与轨道接合是否可靠;选择供电电缆时必须保证电机进线端电压不低于额定电压的 90%。

4)试运行前的检查、空负荷试运转。

试运行是否成功直接关系门式起重机系统能否交付使用,在试运行前应采取检查措施并保证:

①电气系统中的安全联锁装置、制动器、照明和信号系统等安装完毕,且符合相关规范标准,模拟试验时动作应灵敏、准确、可靠。

②钢丝绳端的固定及其在吊钩、滑轮组和卷筒上的缠绕应正确、可靠。

③各润滑点和减速器新加注的润滑油及润滑油的性能、型号和数量应符合设备技术文件中的规定。

④盘动各运动机构的制动轮,检查其制动间隙及工作行程是否符合相关设备技术文件的规定值,否则应进行调整,其两制动瓦与制动轮之间间隙应均匀。

⑤操纵机构的操作方向(控制器)应与电动葫芦的各机构运转方向相符。

⑥启动电动机,其运转应正常,小车运行时不应卡轨,制动器动作应准确、可靠。

⑦当吊钩下降到最低位置时,卷筒上钢丝绳的缠绕应不小于 3 圈。

⑧试运转时,动作次数不应小于 5 次,且动作应准确无误,否则不得进行下一项。

⑨电动葫芦空负荷试运转合格后,应向当地技术监督机构提出申请,方可进行静负荷、动负荷试运转,且试运转前应由技术监督、工程监理、业主等人员共同拟定试运转时间、测试方式,并参加试运转的全过程和试运转的最终评审工作。

5)钢支撑架设。

半盖挖系统下的钢支撑架设是该工程的主要施工风险来源,其钢支撑安装难度较大,安全风险高,拟采用以下措施确保安装质量:

①吊装时必须分节吊装,在地面将钢支撑拼装成长度不同的 2 段标准段,长节为 12 m。

②12 m 长节钢支撑倾斜进入基坑的过程中,距离纵梁及东侧冠梁水平距离不得小于 50 cm,倾斜角度不得小于 42°且不宜大于 75°。

③确保钢支撑呈水平状态,门式起重机钢丝绳与电动葫芦钢丝绳连线垂直于线路中心线。

④地面门式起重机与盖板下电动葫芦同时作业时,要确保钢支撑处于水平状态,保持匀速缓慢移动,严禁出现歪拉斜吊的情况。

⑤钢支撑等重物起落速度要均匀,非特殊情况下不得紧急制动和高速起落。

⑥钢支撑吊装需专人指挥,配备专职安全员,作业司机必须经过培训,通过专业考试持证上岗。

4.3 本 章 小 结

本章针对项目基坑深度大、岩石占比高、周边环境复杂等不良施工情况,提出了按照"纵向分段、横向分块、竖向分层、先撑后挖"的原则流水组织作业方案,并选择了相应半盖挖车站开挖机械设备,满足了快速高效完成土石方施工任务的要求。

本章创新地提出了半盖挖车站门式和悬挂式起重机联合架设钢支撑的施工工法,此工法采用两种成熟的吊装工艺联合作业,既能降低人工施工强度,提高钢支撑的架设速度,缩短钢支撑循环利用周期,又能保证在半盖挖条件下车站钢支撑架设过程中的施工安全,对基坑稳定和主体结构施工起到积极作用。对于这一新型施工方法,本章采用混凝土及钢结构相关规范,结合数值分析进行了验算。所选用的运行电机满足功率要求,主梁刚度、强度满足要求,路面盖板、混凝土支撑、临时钢立柱满足变形、稳定、强度要求,预埋件及轨道连接满足强度要求,因此采用此盖板下吊装系统不仅具备创新性,也符合安全性要求。半盖挖车站门式和悬挂式起重机联合架设钢支撑施工主要包括两部分内容:悬挂轨道与电动葫芦安装、门式和悬挂式起重机联合架设钢支撑。本章对这两部分内容进行了详细介绍,且提出了施工关键点控制及针对性措施,以保证钢支撑架设有"法"可循,能快速安全地完成施工任务。

第 5 章 富水地层主体结构防水施工技术研究

5.1　既有地铁车站渗漏水原因分析

新时期地铁的建设与发展如火如荼,但城市地铁渗水现象也频频发生,例如:2011年,正式开通运营前的北京地铁 10 号线 22 个车站中有 20 个存在不同程度的渗漏水;西安地铁 2 号线开通 3 个月,多个车站频频漏水;2012 年,杭州地铁 1 号线开通 1 周,连续 3 个车站相继发生渗漏;2013 年,广州地铁 6 号线开通运行仅 25 h,黄花岗站和燕塘站就先后漏水;2014 年,武汉地铁 4 号线开通不到半个月,青鱼嘴站站厅、站台和轨道内顶棚等处均出现漏水现象;2015 年,武汉地铁 4 号线多个站点又出现渗漏;2016 年,南昌地铁 1 号线多个站点多次出现渗漏。图 5-1 展示了地铁车站运营前的渗漏情况和运营后常见的渗漏情况,事实上,地铁车站的渗漏已成为国内外工程界的难题。

(a)

(b)

图 5-1　地铁车站常见渗漏水现象

(a)运营前;(b)运营后

地下铁道的防水原则是"以防为主、刚柔结合、多道设防、因地制宜、综合治理"。现阶段，地铁车站防水主要有三道防线，分别是混凝土结构自防水、柔性防水、细部构造防水。车站结构出现渗漏水现象，防水系统失效，主要就是这三道防线出现了问题。以下从这三道防线出发，以不同的角度对可能导致地铁车站主体结构防水失效的原因进行分析，从而为南昌地铁 3 号线六眼井站选取恰当的防水方案及相应的施工措施。

5.1.1 混凝土结构自防水失效分析

混凝土结构自防水是依靠混凝土自身的密实性、憎水性进行防水。混凝土结构的早期开裂是影响地铁车站结构耐久性和防水质量的主要因素。在一定宽度范围内，混凝土的结构裂缝是可以自愈的，但当混凝土裂缝宽度超过其自愈范围（0.1～0.2 mm）时，便会出现明显的渗漏水现象。

混凝土结构裂缝宽度与约束、混凝土的极限拉伸、温差有关，具体表现为约束越不合理，混凝土的极限拉伸越小，混凝土凝结硬化过程中温差越大，则最终的混凝土成品裂缝宽度越大。工程实践中，从原材料的选择到后期的养护，甚至到施工人员的技术素养，任何一个环节不到位或者不合格都极有可能产生裂缝。

（1）约束。

车站主体结构混凝土所受的约束包括基础和地基的约束、先浇混凝土对后浇混凝土的约束、钢筋的约束。这些约束限制着混凝土的收缩，当产生的收缩拉应力大于或等于同时期混凝土凝结硬化过程中的极限拉应力，混凝土就会开裂。地铁车站混凝土规模大，现场浇筑所选用的结构形式和设缝方案都会影响混凝土凝结硬化过程中的收缩应力，产生开裂隐患。

①在对抗外部约束方面，混凝土的结构形式对温度应力和裂缝的产生有重要影响，浇筑块尺寸对温度应力影响也非常大，施工节段长，浇筑块大，会增大胀缩应力，影响混凝土的浇筑质量，容易产生裂缝，导致自防水失效。

②混凝土浇筑时施工缝、变形缝的留设数量和留设部位不合理，易导致裂缝产生。如在剪力与弯矩最大处或底板与侧墙的交接处留设水平施工缝、在纵梁剪力和弯矩较大区段留设环向垂直施工缝、在车站主体结构内留设变形缝、留设的施工缝或变形缝数量过多等，均会留下渗漏隐患，导致自防水失效。

（2）混凝土的极限拉伸。

在混凝土成品形成的过程中，从选材、运输、浇筑到振捣环节，不当的施工操作会

使混凝土的极限拉伸低于设计预期,从而抵抗不了同时期混凝土在凝结硬化过程中产生的收缩应力,导致有害裂缝的产生。具体如下:

①地铁车站结构混凝土所使用原材料的质量和技术标准不合格。具体包括砂石含有害物质,水泥品种、水泥细度、水泥标准稠度用水量、砂石的粒形、砂石的级配、砂石的坚固性、砂石的含泥量(包括泥块含量)等达不到防水要求。

②混凝土的施工配合比不合理,水泥用量过大,外加剂品种和掺量不合理,混凝土单方用水量偏高,造成水化热过大,混凝土受热膨胀,降温后收缩产生拉裂缝。

③混凝土浇筑时振捣不到位,出现漏振、欠振、过振。一般混凝土欠振会使得混凝土结构不严密,在受力过程中容易破损而产生较大的裂缝;混凝土过振会使得混凝土中的骨料与水泥浆上下分离,致使出现浮浆,比较容易产生干缩裂缝。

④施工用模板承载力、刚度和稳定性不够。不能可靠地承受新浇筑混凝土的自重和侧压力。

以上这些因素都会使混凝土的极限拉伸变小,抗拉能力变弱,在水泥水化过程中抵抗不住温度应力,从而产生裂缝,使混凝土结构自防水失效。

(3)温差。

在混凝土凝结硬化的过程中,混凝土内部和外表面之间的温差和混凝土外表面与外界环境之间的温差若过大,会使混凝土产生极大的收缩变形,继而引发裂缝,使得混凝土自防水失效。在车站混凝土的施工过程中,有如下因素易导致上述的大温差:

①为赶工期高温期间施工。混凝土浇筑时,若环境温度过高,则会使混凝土入模温度过高,水泥水化反应速度加快,温度升高随之加快,内约束应力增大,产生裂纹,导致自防水失效。

②混凝土养护温度、湿度条件不合格,养护质量差。混凝土浇筑后,混凝土的养护温度过高,过于干燥,不利于混凝土自身的降温散热,会增大混凝土内外表面温差及外表面与环境温差,进而产生干缩,出现裂缝,导致自防水失效。

③养护时间不够、拆模过早。失水降温快,混凝土内外温差大,结构完成后又立即进行盾构推进施工,使预留洞开口部位出现穿堂风、拔风现象,导致混凝土表面产生裂缝,使自防水失效。

④拆模后没有有效保温,产生较大的降温收缩,易出现裂缝,导致自防水失效。

5.1.2　柔性防水和细部构造防水失效分析

地铁车站的柔性防水是相对于刚性混凝土结构而言的一种防水形式,柔性防水的机理在于通过柔性防水材料如卷材防水、涂膜防水等材料的密实性来阻断水的渗漏。

地铁车站主体结构的细部构造防水指接缝处(包括施工缝、变形缝)的防水处理和抗浮桩、抗拔桩、穿墙管等节点处防水处理。这些节点部位大多是变形集中的地方,结构变形、温差变形、干缩变形等首先在这些部位表现出来。

以下从防水处理方案、所用原材料、施工工艺三个方面分析柔性防水和细部构造防水失效的原因。

(1)防水处理方案。

1)柔性防水。

①重点部位如底板与侧墙交接处的防水构造方案不合适。

②两种以上防水材料复合使用不当。如两种材料材性相差很大而相互影响各自的防水效果等。

③多层卷材施工时,上、下两层和相邻卷材的接缝设置不合理,卷材的搭接宽度不符合要求,防水层与保护层之间未设隔离层。

④保护层厚度预估不足,设置过低。

2)细部构造防水。

①防水层的甩茬保护措施不到位。正常情况下,地铁车站的主体结构都会先于通道施工,所以在车站主体结构施工时需预留通道的接头,防水层也要在这些接头部位进行甩茬处理。后期破除支护桩和烧断桩内钢筋的作业会对防水层产生破坏,如果对防水层的甩茬没有进行有效的保护,后续难以形成有效的搭接过渡,破坏防水层的连续性,使接头部位出现渗漏。

②甩茬保护板设置部位和固定方式不合理。设置保护板时,如果保护板外边缘距破桩洞口的距离太近,且用钉子进行固定,会影响保护板的抽出,对后续防水层的接茬产生不利影响,破坏防水层甩茬的完整性,使接头部位出现渗漏。止水材料接头处搭接长度过短,存留漏水隐患。

③穿墙孔洞的施工方法选择不当。若穿墙孔洞施工方案不是预留而是后凿,孔洞后凿和后埋会破坏已做好的防水层,使防水层不连续。另外,凿洞、凿槽时的冲击、震动会使洞、槽周边的混凝土产生裂缝,形成渗漏水隐患。

（2）所用原材料。

1）柔性防水。

①选用的防水材料与地铁车站土建工法不匹配，影响柔性防水层质量。地铁车站土建施工方法主要有明挖法、盖挖法、矿山法和盾构法等。选择柔性防水层材料时，不但要充分考虑材料施工质量与土建工法的相关性，还要考虑防水工程的施工安全性、耐久性和经济性。例如对于明挖法结构，不宜选用塑料防水板。

②防水层选用的主要材料（包括防水涂膜、防水卷材）的防水性能达不到要求。现今的防水材料市场上，不同档次、类型的防水卷材鱼龙混杂、真假难辨。即使是同一种商品名称的材料，其质量也相差很大。例如不同的高聚物改性沥青防水卷材，其价格相差很大，防水性能也很悬殊。

③防水卷材与保护层之间冷黏结剂质量不达标、耐久性差，使防水卷材与卷材保护层之间的黏结不牢固，存在渗漏隐患。出现问题之后再对卷材进行修复几乎是不可能的。

④保护层材料不符合防水材料的特性。

2）细部构造防水。

①密封类材料、止水条密贴性和黏结强度不够。车站正式运营后列车长期振动，若止水条的密贴性和黏结强度不够，则止水条只能粘贴固定在凿毛后的施工缝表面，对防水质量影响较大。

②止水类材料宽度和物理性能不符合要求。

③遇水膨胀材料膨胀性不够。

④施工缝端头模板不够坚实，在混凝土浇筑过程中出现跑模、胀模，影响施工缝处混凝土密实度，造成渗漏。

⑤混凝土结构缝部位全部选用非定型产品。非定型产品需要经过挤出成型和现场涂刷，固化后才能起到防水作用，如施工缝部位设置双道止水胶、单道止水胶＋水泥基渗透结晶型防水涂料等。这种方案的防水材料涂刷用量和成型尺寸需严格符合设计要求，施行起来较为困难。为避免出现隐患，应尽量避免混凝土结构缝部位全部选用非定型产品。

（3）施工工艺。

1）柔性防水。

①基层不平整（凹凸起伏）、表面突起（包括粗集料突起、铁件突出物等）和有明水流，影响柔性防水层的防水质量。在基层不平整的情况下铺设卷材，极易导致卷材吊

空、卷材与基层不能密实粘贴。而且在混凝土浇筑后,卷材搭接处容易拉断,不平整处的突出物易戳破卷材,基层若有明水流,也会使卷材搭接处防水效果受影响,导致柔性防水失效。

②卷材防水层与基面之间、阴阳角加强层、防水层之间的粘接不够紧密牢固,加强层施工出现空铺或空鼓。防水加强层如果空铺在防水层表面,防水层破坏后,渗漏水绕过加强层,导致加强层防水失效。

③卷材搭接处和接头部位焊接不密实,翘边现象严重。

④防水卷材保护层厚度和防水涂膜的喷涂厚度未达到设计要求。增加漏水隐患,致使该防水体系失效。

⑤卷材防水层因混凝土施工缺陷而穿孔破坏。防水卷材材质本身不能和喷射混凝土初衬密贴,安设时的冲击、背面突出物等易将防水板扎破,导致漏水。

⑥防水板施作好后,绑扎钢筋时未设置临时性移动保护板,导致焊接钢筋时防水板受损。

⑦主体与附属接口部位的外包防水与围护结构粘贴得过于紧密,在破除围护结构时无法对预留防水材料进行很好的保护,导致附属与主体外包防水无法连接到位。

2)细部构造防水。

①接缝处基层处理不够干净、平整。

②止水带安装位置不正确、不平直,止水带的纵向中心线与接缝偏差过大,影响接缝处的防水质量。

③止水带连接不规范。如钢板止水带搭接长度不够,焊缝不连续;钢边橡胶止水带连接未进行热熔处理;在止水带上进行钻孔固定,造成渗漏隐患。

④接缝浮浆、松散混凝土、垃圾处理不到位,周边混凝土振捣不合格,出现漏振、欠振或过振现象,使得混凝土密实性不够,影响混凝土与止水带的咬合,影响止水带发挥作用。在混凝土振捣过程中止水带破坏,会影响接缝处防水质量,出现渗漏。

⑤止水环与穿墙主管的焊接透水,黏结不密实,造成渗漏。

5.2　半盖挖地铁车站侧墙结构形式比选

目前在车站结构设计中,地下连续墙和车站侧墙间的处理方式有单一墙、复合墙和叠合墙三种形式,如图 5-2 所示,在实际工程设计中,应用较多的为复合墙和叠合墙。

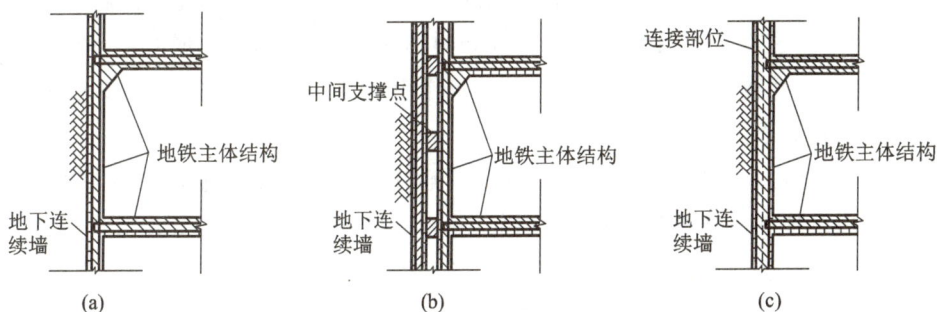

图 5-2　地铁车站侧墙结构形式

(a)单一墙;(b)复合墙;(c)叠合墙

单一墙结构是直接将地铁车站的地下连续墙作为主体结构的侧墙,由于地下连续墙幅间接头的存在使得车站侧墙整体性不好,这种结构形式基本依靠混凝土的自防水性能,抗水土侧压力也不足。同时,墙缝防水处理难度较大,导致车站整体防水性能下降。因此,目前国内的地铁车站结构基本不采用单一墙结构形式。

复合墙结构是在围护结构和主体结构之间设置防水隔离层,与主体结构顶、底板的防水层形成整体密封的保护层,围护结构和主体结构之间不能传递剪力和弯矩,主体结构承受水压力和围护结构的传递力。

叠合墙结构是围护结构作为主体结构侧墙的一部分,通过预埋在围护结构中的钢筋接驳器与主体结构连接,通过结构和施工措施,保证叠合面的剪力传递,叠合后将两者视为整体,但难以形成密封的防水层。

本节将从占地空间、防水性能、抗浮性能、结构整体性、施工难度、工程造价几个方面综合考虑,分析复合墙和叠合墙结构的受力特点、优缺点、适用范围,择优选出适合南昌地铁 3 号线六眼井站的侧墙结构形式。

(1)占地空间。

叠合墙结构方案侧墙较复合墙结构薄,占地空间小,可为管线迁改及交通疏解提供有利条件,对于周边环境较复杂、市中心交通繁忙、管线众多、空间较小的地下车站,叠合墙结构方案比复合墙结构方案有优势。

(2)防水性能。

与复合墙结构方案对比,叠合墙结构除了普通温度裂缝、化学裂缝、碳化裂缝和徐变裂缝外,基于结构考虑的渗漏主要是内衬墙收缩约束裂缝渗漏和施工缝渗漏。复合墙结构侧墙与基坑围护结构相互独立,中间设置附加柔性防水层,所以可以消除地下连续墙对内衬收缩的约束作用,减少内衬的收缩裂缝;而叠合墙由于地下连续墙刚度远大于内衬墙,且先于内衬墙之前较长时间完成施工,基本完成变形,故地下连续墙对新浇内衬墙的收缩变形具有强大约束作用,使内衬墙产生拉应力,致内衬墙开裂,形成渗水通道。

叠合墙结构是通过对地下连续墙表面凿毛、设置剪力槽和锚筋,使二者密贴刚接成整体,由于地下连续墙会发生沉降、错位等,此部位钢筋的保护层厚度难以保证,并且结构板与基坑围护结构的连接处有施工缝,在张拉、压缩、转动等多种受力情况下会引起接缝开裂,导致渗漏水严重。渗漏水会腐蚀钢筋,降低结构的整体耐久性。

复合墙结构由于地下连续墙与内衬间有柔性防水层的存在,使得地下水不直接作用于车站主体结构,防水效果较好。叠合墙结构由于内衬与围护结构合二为一,侧墙很难设置柔性外防水层,因此,叠合墙结构车站除顶板外,侧墙和底板主要以混凝土自防水及接缝防水为主,防水效果较差。

(3)抗浮性能。

复合墙结构方案因无法考虑地下连续墙的自重和地下连续墙与地层的侧摩阻力,车站的抗浮性能无法满足要求,必须在车站顶板端部设置压顶梁等,对于侧墙开大洞的车站结构,设置压顶梁不能解决抗浮问题,需要采取其他抗浮措施,比如抗拔桩等,这样会增加工程量及施工工序。

叠合墙结构方案由于主体结构顶、中、底板均与地下连续墙通过钢筋接驳器进行连接,并且内衬墙与地下连续墙很好地叠合,不需要另外设置抗浮压顶梁即可使围护结构参与主体结构抗浮,无须额外增加工程量及施工工序,故在抗浮性能方面,叠合墙结构方案更优。

(4)结构整体性。

叠合墙结构方案侧墙与围护结构侧墙通过钢筋接驳器连成一体,共同受力,变形一致,整体刚度大,在抵御车站整体沉降、不均匀沉降等方面比复合墙更优。

(5)施工难度。

叠合墙结构方案施工难度大,施工质量不易保证,薄弱环节较多,主要体现在以下几个方面。

1)接驳器安装精度要求高。

主体结构顶、中、底板及横纵梁与地下连续墙相接处均需在连续墙中预埋钢筋接驳器。接驳器位置须精确定位,按相关规范要求,钢筋笼标高误差应控制在± 10 cm;受结构板保护层制约,接驳器标高误差须控制在$-5 \sim +8$ mm。受制于工人操作熟练程度、连续墙墙底地层条件、连续墙成槽质量等众多因素,很难满足主体结构钢筋接驳器安装的精度要求。

2)结构板钢筋对接难度大。

由于地下连续墙沉降、错位会造成钢筋接驳器埋设位置与板梁位置错位,导致后期板墙节点处钢筋连接困难,使板钢筋与边墙不垂直,或造成后期需进行植筋处理,一般要在地下连续墙墙底预埋注浆管以控制地下连续墙沉降,但实际操作精度很难控制。

3)预埋接驳器后续处理难度大。

①预埋接驳器位置需人工凿出,易破坏预埋接驳器;

②泥浆、水泥浆易造成套筒内污染,极难清理,影响后期连接质量;

③钢筋笼下放过程中,碰撞易造成接驳器方向和位置改变,影响后期的连接质量;

④板的主筋两头与地下连续墙预留接驳器连接,中间需单面搭接焊,以 $\phi 28$ 主筋为例,单个接头焊缝长度接近 300 mm,工作量大。

4)凿毛工程量大。

为保证地下连续墙与主体结构侧墙施工面黏结牢固,须对地下连续墙表面进行凿毛处理。凿毛施工面临的问题:一是凿毛工程量大,影响土方开挖进度;二是混凝土支撑附近无法进行机械凿毛作业,后期需搭设大面积的脚手架进行人工凿除,施工风险较大。

(6)工程造价。

叠合墙结构方案充分发挥了围护结构地下连续墙的作用,将围护结构和结构内衬墙合成一个整体,从而使结构刚度大、占地面积小,节约混凝土用量;同时地下连续墙和结构墙共同参与抗浮,一般可以满足抗浮要求,避免设置抗拔桩、压顶梁;再者,叠合墙充分发挥结构自防水能力,取消了防水层的设置。综上所述,通常会认为叠合墙结构方案很大程度地节约工程造价,实则不然。下面列举几个既有地铁车站每延米的工程造价来分析,详见表5-1～表5-3。

表 5-1　　**深圳地铁 7 号线车站标准段纵向每延米工程造价对比表**　　　（单位:万元）

侧墙类型	围护结构	接驳器	顶板	中板	底板	侧墙	防水	合计
复合墙	24.827	—	3.916	1.765	4.162	3.193	1.890	39.753
叠合墙	25.701	0.296	3.762	1.745	4.481	1.974	1.060	39.019

表 5-2 　　　　　深圳地铁 1 号线车站标准段纵向每延米工程造价对比表 　　　　　（单位：元）

侧墙类型	围护结构	支撑及土方	主体结构	防水	降水	监测	合计
复合墙	99335	53140	105331	8365	5939	1805	273915
叠合墙	89861	23720	110605	10789	5939	1805	272719

表 5-3 　　　　　福州地铁 1 号线车站标准段纵向每延米工程造价对比表 　　　　　（单位：元）

侧墙类型	地下连续墙				主体结构			合计
	钢筋	接驳器	预埋连接筋	凿毛	混凝土	纵向受力钢筋	防水	
复合墙	43000	—	—	—	24814	32036	1011	100861
叠合墙	48625	1920	997	220	28299	31095	8523	119679

　　从以上工程造价对比可以发现，复合墙与叠合墙的造价相差无几，甚至有的车站叠合墙造价更高，主要原因是，叠合墙结构方案虽然结构侧墙混凝土用量有所减少，但围护结构及结构顶底板含钢量都要高于复合墙结构方案，同时结构板与连续墙钢筋连接需要大量的接驳器，这都增加了工程造价。

　　还必须指出，虽然叠合墙节约了防水层用量，但由于叠合墙的内部结构特征，侧墙结构内部混凝土硬化过程中受到地下连续墙的约束，结构内衬墙和水平构件容易开裂，防水效果差，再加上叠合墙施工难度大，施工质量很难保证，边节点接缝处很容易漏水，后期渗漏水治理需要很高的费用（表中未计）。以广州地铁 1 号线为例，叠合墙方案堵漏费用为 100 万～200 万元，排水费用 20 万元/年，复合墙方案堵漏费用 20 万～40 万元，排水费用一般为 5 万元/年。

　　经对比分析，叠合墙形式虽刚度大，占地面积小，可减薄侧墙厚度，但其围护结构接驳器及预埋钢筋施工工艺较复杂，顶、底板接驳处易形成防水薄弱点，对车站耐久性有一定影响，同时内衬墙混凝土收缩变形受围护结构约束，易产生裂缝，防水质量不易保证。根据目前地铁车站设计使用年限要求，在确保工程结构抗力前提下，提高工程耐久性极为重要。鉴于复合墙体系地铁车站方案施工质量相对容易保证，且工程造价较叠合墙相差无几，以及本书案例车站处于强透水富水砂层的地层条件，埋深大，地下水、场地土对钢筋混凝土具有腐蚀性，综合考虑水文地质条件、现场环境、结构条件、耐久性要求，以及内部结构与地下连续墙连接密封可靠性、地下连续墙接缝止水可靠性，考量经济指标，本车站选用复合墙方案。

5.3　混凝土结构自防水研究

南昌地铁 3 号线六眼井站遵循"以防为主、刚柔结合、多道设防、因地制宜、综合治理"的防水原则,确立以混凝土结构自防水为根本,以变形缝、施工缝等细部构造防水为重点,以柔性防水为辅的综合防水方案,加强钢筋混凝土结构的抗裂、防渗能力,改善钢筋混凝土结构的工作环境,进一步提高结构耐久性。

根据《地下工程防水技术规范》(GB 50108—2008) 的规定,南昌地铁 3 号线六眼井站地下工程防水设计标准如下:

(1)地下车站、行人通道和机电设备集中区段的防水等级应为一级,不允许渗水,结构表面无湿渍。

(2)地下车站的风道、风井防水等级为二级,即车站内表面湿渍面积不大于总防水面积的 1/500,任意 100 m^2 防水面积上的湿渍不超过 3 处,且任一湿渍面积不大于 0.2 m^2。其中地下结构需满足的抗渗等级如表 5-4 所示,防水混凝土允许裂缝宽度如表 5-5 所示,且为不贯通裂缝。

表 5-4　　　　　　　　　　　　　　防水混凝土的抗渗等级

结构埋置深度 H/m	设计抗渗等级	
	一级防水等级	二级防水等级
$H < 10$	P8	P8
$10 \leqslant H < 20$	P8	P8
$20 \leqslant H < 30$	P10	P10

表 5-5　　　　　　　　　　　　　　防水混凝土允许裂缝宽度

结构所处环境	允许值/mm	附注
水、土缺氧环境	0.3	—
洞内干燥环境或洞内潮湿环境	0.3	环境相对湿度为 45%～80%
迎土面、地表附近干湿交替环境	0.2	—

环境类别和作用等级的准确划分,是耐久性设计的根本。根据《混凝土结构耐久

性设计标准》(GB/T 50476—2019)、《南昌市轨道交通 3 号线六眼井站岩土工程勘察报告》[试验结果依据《岩土工程勘察规范(2009 年版)》(GB 50021—2001)得出],对本工程的环境类别和作用等级进行了划分,六眼井站地下水的侵蚀性 CO_2 对混凝土结构具微腐蚀性,地下水对混凝土结构和钢筋混凝土中的钢筋具微腐蚀性;场地土对钢结构具微腐蚀性,对钢筋混凝土中的钢筋具微腐蚀性。

本节将基于现场施工要求及相应设计规范,从混凝土的原材料、掺合料、配合比设计、补强堵漏要求、耐久性检验、拌制、计量、运输、浇筑、养护与拆模 10 个方面综合考虑,提出高性能混凝土在南昌地铁 3 号线六眼井站工程中的质量控制参数和质量保证措施。

(1)原材料。

1)水泥。

①应采用符合《通用硅酸盐水泥》(GB 175—2023)规定的普通硅酸盐水泥或硅酸盐水泥。水泥比表面积小于或等于 350 m^2/kg,且应大于或等于 300 m^2/kg;碱含量小于 0.60%,C_3A 含量不宜超过 8%,水泥中不得掺加窑灰。

②水泥应按不同生产厂家、品种、强度等级分别存储在专用仓罐内。水泥存储不宜超过 3 个月。对存储超过 3 个月的水泥,应重新进行物理性能检验,并按复验的结果使用。

③严禁使用有结块的水泥,严禁不同品牌和强度等级的水泥混用。

④水泥的进场温度不宜高于 60 ℃,不应使用温度大于 60 ℃的水泥拌制混凝土。

2)集料。

①粗集料应选用级配合理、粒形良好、质地坚固的洁净碎石,不宜采用砂岩碎石。应根据混凝土的强度等级和工程部位选择粗集料的种类,易开裂的墙体部位混凝土,宜选用山碎石。

②粗集料的最大公称粒径不得超过构件截面最小尺寸的 1/4,且不得超过钢筋最小净间距的 3/4。配制 C50 及以上等级的混凝土时,粗集料最大公称粒径不应大于 25 mm。

③应采用二级或多级级配粗集料,粗集料的堆积密度宜大于 1500 kg/m^3,紧密密度的空隙率宜小于 40%。

④粗集料的质量除应满足《普通混凝土用砂、石质量及检验方法标准》(JGJ 52—2006)要求外,还应满足表 5-6 的规定。

表 5-6   **粗集料的质量要求**

项目	强度等级	
	≥C55	C30～C50
含泥量/%	≤0.5	≤1.0
泥块含量/%	≤0.2	≤0.5
针、片状颗粒含量/%	≤8	≤10
坚固性指标/%	≤5	≤8
氯离子含量/%	<0.02	<0.02

⑤细集料应优先选用Ⅱ区中砂,不得单独使用细砂和特细砂,不得使用海砂、山砂及风化严重的多孔砂。采用天然砂配制混凝土时,砂的质量要求除应满足《普通混凝土用砂、石质量及检验方法标准》(JGJ 52—2006)外,还应符合表 5-7 的规定。

表 5-7   **天然砂的质量要求**

项目	强度等级	
	≥C55	C30～C50
含泥量/%	≤2.0	≤3.0
泥块含量/%	≤0.5	≤1.0
坚固性指标/%	≤5	≤8
氯离子含量/%	<0.02	
有机物含量	颜色不应深于标准色,如深于标准色,则应参照水泥胶砂强度选取	
比色法试验	进行强度对比试验,抗压强度比不应低于 0.95	

⑥采用人工砂或混合砂配制混凝土时,砂的质量要求除应满足《普通混凝土用砂、石质量及检验方法标准》(JGJ 52—2006)外,还应符合表 5-8 的规定。

⑦集料中严禁混入烧结物等影响混凝土性能的有害物质,也不得混入粉煤灰、水泥和外加剂等粉状材料。

⑧集料不宜直接露天堆放、暴晒,宜分级堆放,堆场上方宜设罩棚。高温季节,集料使用温度不宜大于 28 ℃。

表 5-8   人工砂或混合砂的质量要求

项目		强度等级	
		≥C55	C30～C50
含泥量/%	MB 值＜1.4 或合格	≤5.0	≤7.0
	MB 值≥1.4 或不合格	≤2.0	≤3.0
泥块含量/%		≤0.5	≤1.0
氯离子含量/%		＜0.02	
压碎值指标/%		≤25	

3)水。

混凝土拌和用水应符合《混凝土用水标准》(JGJ 63—2006)的规定。高温季节施工时,水温不宜大于 20 ℃。

4)外加剂。

①外加剂的质量应符合《混凝土外加剂》(GB 8076—2008)及相关规范规定。外加剂使用时应符合《混凝土外加剂应用技术规范》(GB 50119—2013)规定。混凝土中采用的化学外加剂的氯离子含量应小于 0.02％(胶凝材料质量百分比)。

②根据混凝土性能要求,车站及明挖区间混凝土可采用聚羧酸类减水剂,掺量宜为混凝土胶凝材料的 1％～1.2％。混凝土砂浆减水率应不低于 15％。

5)纤维。

端头井吊装孔等填孔混凝土应添加合成纤维,掺量宜为 0.9 kg/m³。

(2)掺合料。

①粉煤灰矿物掺合料应符合《用于水泥和混凝土中的粉煤灰》(GB/T 1596—2017)的规定。粉煤灰的级别不应低于Ⅱ级,且需水量比应不大于 100％,烧失量应小于 5％。严禁采用 C 类粉煤灰和Ⅱ级以下级别的粉煤灰。

②采用的矿渣粉矿物掺合料应符合《用于水泥、砂浆和混凝土中的粒化高炉矿渣粉》(GB/T 18046—2017)的规定。矿渣粉的比表面积应大于或等于 450 m²/kg,流动度比应大于 95％,28 d 活性指数不宜小于 95％。

③掺合料在运输与存储过程中,应有明显标志。严禁与水泥等其他粉状材料混装、混储。

（3）配合比设计。

①混凝土配合比应根据原材料品质、混凝土强度等级、混凝土耐久性以及施工工艺对工作性的要求，经计算、试调整等步骤选定。

②配合此设计时，混凝土最小胶凝材料用量不应低于 320 kg/m³，配制防水混凝土时最低水泥用量不宜低于 260 kg/m³，混凝土最大水胶比不应大于 0.45。

③单独采用粉煤灰作为掺合料时，普通硅酸盐水泥混凝土中粉煤灰掺量不应超过胶凝材料总量的 30％。预应力混凝土中粉煤灰掺量不得超过胶凝材料总量的 25％。

④采用矿渣粉作为掺合料时，应采用矿渣粉和粉煤灰复合技术。混凝土中掺合料总量不得超过胶凝材料总量的 50％，矿渣粉掺量不得大于掺合料总量的 50％。

⑤钢筋混凝土中氯离子含量不应超过胶凝材料总量的 0.06％。

⑥配制的混凝土除满足抗压强度、抗渗等级等常规设计指标外，还应考虑满足耐久性指标要求，硬化混凝土应进行氯离子扩散系数或电通量试验。

⑦尽量减少胶凝材料中水泥的用量，掺合料中粉煤灰、矿粉等的比例在不同季节宜作调整，优质粉煤灰、矿粉等矿物掺合料或矿物复合掺合料，掺量一般控制在 30％～50％。

⑧混凝土配合比必须经有资质的单位试配，每种标号混凝土冬季、夏季试配数量各不少于 3 组，并出具检验报告，经专家评审后确定冬季、夏季采用的配合比，汇总至施工组织设计，经上报监理批准、业主备案后方可应用。

（4）补强堵漏要求。

①对结构裂缝渗水，应按结构补强、止水和耐久性等要求进行亲水环氧注浆等堵水、防渗处理，聚氨酯仅可用于堵漏、防渗处理。

②在内衬墙施工前，应及时对围护结构进行堵漏，堵漏的效果应满足《地下防水工程质量验收规范》(GB 50208—2011)的相关要求，并经验收通过后，方可进行内衬墙施工。

③车站混凝土结构出现渗漏后，宜在冬季进行堵漏施工。

（5）耐久性检验。

1）原材料检验。

①水泥碱含量(不大于 0.6％)，按照《通用硅酸盐水泥》(GB 175—2023)检验。

②混凝土总碱含量(不大于 3.0 kg/m³)，按照相关混凝土碱含量限值标准检验。

③骨料按照《建设用砂》(GB/T 14684—2022)和《建设用卵石、碎石》(GB/T 14685—2022)检验。

2)混凝土密实度、抗碳化、抗裂性检验。

①确定配合比前,必须进行原材料、混凝土碱含量、混凝土快速碳化深度、混凝土抗裂性和氯离子扩散系数的检测。施工中还应进行混凝土电通量的检测。

②采用钢筋保护层测定仪对工程主要混凝土结构或构件的保护层厚度进行测试,取样数量、范围和测试应符合《混凝土结构工程施工质量验收规范》(GB 50204—2015)的要求。

③混凝土耐久性检测指标与频度应符合表5-9的要求,且应注意以下几点:

a.电通量在混凝土标准养护56 d时测定,试验方法参照《混凝土长期性能和耐久性能试验方法标准》(GB/T 50082—2024);

b.氯离子扩散系数采用快速氯离子迁移系数法(RCM方法)检测,龄期为84 d;

c.混凝土标准养护28 d后,按标准条件快速碳化至56 d的碳化深度,试验方法参照《混凝土长期性能和耐久性能试验方法标准》(GB/T 50082—2024);

d.混凝土抗裂性能试验也参照《混凝土长期性能和耐久性能试验方法标准》(GB/T 50082—2024),抗裂等级评定应按《混凝土耐久性检验评定标准》(JGJ/T 193—2009)执行。

表 5-9 混凝土耐久性检测指标与频度表

结构部位		混凝土密实度				抗碳化性能		抗裂性能	
		电通量 C/C		氯离子扩散系数 $(10\sim12\ \text{m}^2/\text{h})$		快速碳化深度/ mm		抗裂等级(Ⅰ~Ⅳ) 单位面积上的总开裂面积 $c/(\text{mm}^2/\text{m}^2)$	
		指标值	次	指标值	次	指标值	次	指标值	次
车站结构	顶板、底板	≤1700	≥2	≤3	1	≤2	1	100≤c≤400	1
	内衬侧墙	≤1700	≥2	≤3	1			100≤c≤400	1
	柱、梁	—		≤3	1			100≤c≤400	1
车站排风机		≤1700	≥2	—		≤2	1	100≤c≤400	1

3)混凝土结构裂缝和渗水状况的监测。

①裂缝的常规检测。除按规定进行混凝土抗裂性试验外,还须现场用肉眼观察混凝土表面裂缝,再用光学放大镜测量其宽度,并用图纸描述。必要时采用取芯样检测裂缝深度的办法。

②建立混凝土结构裂缝的全过程监测制度。对于混凝土结构的裂缝，在竣工前应有"裂缝分布图"，在运营过程中应对结构进行定期监测，观察裂缝发展，同时应建立结构的裂缝档案。

③渗漏水的记录备案。对于车站的渗漏水，在竣工前应有"渗漏水平面展开图"，据此进行渗漏水治理。治理措施与效果也应显示在图上，并应以此为基础建立渗漏水及其治理档案。

（6）拌制。

①在混凝土运输过程中、浇筑入模前以及成型过程中严禁向混凝土内加水。

②大体积混凝土施工前，宜对施工阶段混凝土浇筑体的温度、温度应力及收缩应力进行试算，确定施工阶段混凝土浇筑体的温升峰值、里表温差及降温速率的控制指标，制定相应的温控技术措施。一般情况下，温控指标宜不大于下列数值：混凝土浇筑体在入模温度基础上的温升值为 40 ℃；混凝土浇筑体的里表温差（不含混凝土收缩的当量温度）为 25 ℃；混凝土浇筑体的降温速率为 3.0 ℃/d；混凝土浇筑体表面与大气温差为 20 ℃。

③厚度大于 800 mm 的明挖车站的底板（含底梁）、暗挖车站的底梁和顶梁；厚度大于 500 mm（含 500 mm）的车站、区间（含折返线）的侧墙和顶板（或拱部衬砌）应按大体积混凝土有关规定采取措施。

（7）计量。

①在整个生产期间，每盘混凝土各组成材料计量结果允许偏差应符合表 5-10 的规定。

表 5-10　　　　　　　　　**混凝土组成材料计量结果允许偏差**

组成材料	允许偏差/%
水泥、掺合料	±1
粗、细集料	±2
水、高性能减水剂	±1

②每一工作班正式称量前，应对计量设备进行零点校核。

③生产过程中应测定集料的含水率，每一工作班不应少于 1 次，当含水率有较大变化或雨天施工时，应增加测定次数，依据检测结果及时调整用水量和集料用量。

④计量器具应定期检定。

(8)运输。

①应选用能确保浇筑工作连续进行、运输能力与混凝土搅拌机的搅拌能力相匹配的运输设备运输混凝土。不得采用机动翻斗车、手推车等工具长距离运输混凝土。

②应保证混凝土在运输过程中保持均匀性,运到浇筑地点时不分层、不离析、不漏浆。

③必要时应对运输设备采取保温隔热措施,防止局部混凝土温度升高(夏季)或受冻(冬季)。应采取适当措施防止罐内水蒸发和外部水进入运输容器。

④应尽量减少混凝土的转载次数和运输时间。从搅拌机卸出混凝土到混凝土浇筑完毕的延续时间不宜超过3 h。

⑤当搅拌罐车到达浇筑现场,混凝土坍落度不能满足要求时,应采取相应措施,严禁加水。混凝土拌和物均匀且达到施工要求后方可喂入泵车受料斗或混凝土料斗。

(9)浇筑。

1)浇筑前的准备。

①模板安装应按《地下铁道工程施工质量验收标准》(GB/T 50299—2018)执行,确保安装牢固。夏季施工时,对于车站墙体等易裂结构宜优先采用钢模板。

②混凝土浇筑前,应对支架、模板、钢筋、保护层和预埋件等分别进行检查验收。为保证车站结构混凝土保护层厚度符合要求,应采用高强度、高耐久性专用形浆垫块作为支架。模板内的杂物、积水和钢筋上的污垢应清理干净。箱梁施工时,底模上遗留的木屑等杂物严禁用水冲洗,用风吹方式清理模板时必须设置杂物出口。模板如有缝隙,应填塞严密,模板内面应涂刷脱模剂。

③应根据工程设计条件,针对混凝土的供给能力,运输、浇筑机械的能力,气候条件,施工管理水平等事先设计浇筑方案,包括浇筑起点、浇筑进展方向和分层厚度等。混凝土浇筑过程中,不得无故更改已确定的浇筑方案。

④混凝土入模前,应测定混凝土的温度、坍落度和含气量等,不满足要求的混凝土不得入模。

2)浇筑注意事项。

①不同强度等级、不同配合比的混凝土不得混合浇筑。当不同强度等级混凝土必须接茬浇筑时,应先浇筑高强度等级混凝土。

②混凝土入模坍落度应根据施工部位和施工工艺确定。

③混凝土拌和物应具有良好的和易性，不得离析或泌水。预制构件混凝土坍落度宜小于120 mm。箱梁（含预制梁）以及配筋密集的顶梁等难以振捣部位的混凝土入泵坍落度宜控制在(200±20)mm或采用自密实混凝土施工。其他部位现浇混凝土入泵坍落度宜控制在(140±20)mm。

④在高温季节浇筑混凝土时，混凝土入模温度应小于30 ℃，应避免模板和新浇筑的混凝土直接受阳光照射。混凝土入模前，模板和钢筋的温度以及附近的局部气温均不应超过40 ℃。混凝土成型后应及时覆盖，并应尽可能避开炎热的白天浇筑混凝土。

⑤在低温条件下（昼夜平均气温低于5 ℃或最低气温低于−3 ℃）浇筑混凝土时，应采取适当的保温防冻措施，防止混凝土提前受冻。保温防冻措施应满足施工安全要求。

⑥在相对湿度较小、风速较大的环境下浇筑混凝土时，应采取适当挡风措施，防止混凝土失水过快，此时应避免浇筑有较大暴露面积的构件。雨季施工时，必须有防雨措施。

⑦在每个浇筑区段内应连续浇筑混凝土，不得中断，以避免出现冷缝。混凝土接茬时间不得超过90 min。

⑧混凝土浇筑时的自由落距应小于3 m；超过3 m时，应通过串筒、溜管或振动溜管等设施下落。

3）振捣和成型。

①采用插入式振捣棒、附着式振捣器、表面平板振捣器等设备振捣混凝土。采用振动棒振捣时应避免碰撞模板、钢筋及预埋件。

②应按事先规定的工艺路线和方式振捣混凝土，在混凝土浇筑过程中应及时将入模的混凝土均匀振捣密实，不得随意加密振点或漏振，每点的振捣时间以表面泛浆或不冒大气泡为准，一般不宜超过30 s。

③采用插入式振捣棒振捣混凝土时，宜采用垂直点振方式振捣。若需变换振捣棒在混凝土拌和物中的水平位置，应首先竖向缓慢将振捣棒拔出，然后将振捣棒移至新的位置，不得将振捣棒放在拌和物内平拖，也不得用插入式振捣棒平拖驱赶下料口处堆积的混凝土拌和物。

④在振捣混凝土过程中，应加强检查模板支撑的稳定性和接缝的密合情况，以防漏浆。混凝土浇筑完成后，应仔细将混凝土暴露面压实抹平，抹面时严禁洒水。

⑤出入口、风道的底板、中楼板和顶板混凝土浇筑完毕后，在混凝土终凝前应进

行多次抹压并覆盖,边抹压边覆盖;最后一次抹压时,采取"边掀开、边抹压、边覆盖"的措施,覆盖材料应与混凝土表面严密粘贴,以抑制混凝土由于塑性沉陷和表面失水过快而产生的非结构性表面裂缝。已经出现的表面裂缝应在混凝土终凝前予以修整。

⑥混凝土强度达到 1.2 MPa 前,不得在其上踩踏或安装模板及支架。

⑦在浇筑混凝土时,应按相关规范的规定制作拆模和强度合格评定的试件。必要时,还应制作抗冻、抗渗或其他性能试验用的试件。

(10)养护与拆模。

1)养护。

①混凝土振捣完成后,应及时对混凝土暴露面进行紧密覆盖(可采用篷布、塑料布等进行覆盖),尽量减少暴露时间,防止表面水分蒸发。

②混凝土带模养护期间,应采取带模包裹、浇水、喷淋洒水或通蒸汽等措施进行保湿或潮湿养护。

③明挖车站、风道、通道的底板、中楼板中的混凝土宜采取覆盖并洒水方式养护,车站的顶板混凝土宜采用蓄水方式养护。

④混凝土保温保湿养护时间应不少于 14 d,且达到混凝土设计强度等级值 75%以上。

⑤混凝土养护期间应注意采取保温措施,防止混凝土表面温度受环境因素影响(如暴晒、气温骤降等)而发生剧烈变化。养护期间混凝土浇筑体的里表温差不宜超过 25 ℃,混凝土浇筑体表面与大气温差不宜超过 20 ℃。大体积混凝土施工前应制定严格的养护方案,控制混凝土内外温差满足设计要求。

⑥对于严重腐蚀环境下的混凝土,应适当加强养护措施。

⑦冬季施工期间严禁采用室外泡水养护方法。大型预制构件脱模后宜采用涂刷养护剂的方法继续养护。

⑧混凝土养护期间,应对有代表性的结构进行温度监控,定时测定混凝土芯部温度、表层温度以及环境气温、相对湿度、风速等参数,并根据混凝土温度和环境参数的变化情况及时调整养护制度,严格控制混凝土表里温差。

⑨混凝土养护期间,应对混凝土的养护过程作详细记录,并建立严格的岗位责任制。

2)拆模。

①混凝土拆模时的强度应符合设计要求。当设计未提出要求时,应符合下列规

定:侧模在其表面及棱角不因拆模而受损时,方可拆除;底模在混凝土强度符合表 5-11 的规定后,方可拆除。

表 5-11   拆除底膜时所需混凝土强度

结构类型	结构跨度/m	达到混凝土设计强度 等级值的百分比/%
板、拱	≤2	50
	2~8	70
	>8	100
梁	≤8	75
	>8	100
悬臂梁(板)	≤2	75
	>2	100

②明挖车站、通道、风道的侧墙,拆模时间不宜早于 3 d;拆模后宜采用涂刷养护剂的方法养护。涂刷养护剂时,必须边拆模边涂刷,不得延误涂刷时间和漏刷。

③混凝土的拆模时间除需考虑拆模时的混凝土强度外,还应考虑到拆模时混凝土温度不能过高,以免混凝土接触空气时降温过快而开裂,更不能在此时浇筑凉水养护。混凝土内部开始降温之前以及混凝土内部温度最高时不得拆模。

④一般情况下,结构或构件混凝土的里表温差大于 25℃、混凝土表面与大气温差大于 20℃时不宜拆模;大风或气温急剧变化时不宜拆模;在炎热和大风干燥季节,应采取逐段拆模、边拆边盖的拆模工艺。

5.4 柔性防水与细部构造防水研究

5.4.1 柔性防水

南昌地铁 3 号线六眼井站工程采用全包柔性防水,防水示意图如图 5-3 所示,其中底板和侧墙采用防水卷材,顶板采用防水涂料。

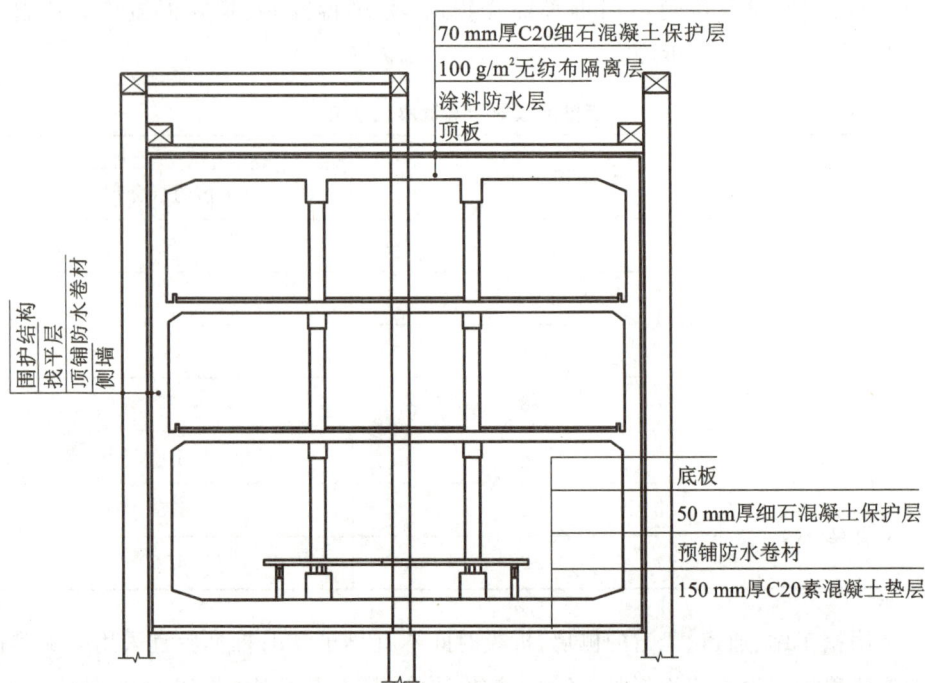

图 5-3　六眼井站结构防水示意图

（1）底板防水。

结构底板采用 1.7 mm 厚 P 类预铺防水卷材进行防水，主材厚 1.2 mm，全厚 1.7 mm，细部结构如图 5-4 所示，在围护结构和底板倒角处多设一层防水卷材进行加强，在加强层和基础防水层之间用丁基橡胶防水密封胶粘带紧密连接。

底板防水施工需要注意以下事项：

①防水层与现浇混凝土结构外表面密贴面的隔离膜应在浇筑混凝土前撕掉。

②防水层采用机械固定法固定于桩或垫层表面，固定点为距卷材边缘 2 cm 处，钉距不大于 50 cm。钉长不得小于 3 cm，且配合垫片将防水层牢固地固定在基层表面，垫片直径不小于 2 cm，避免浇筑混凝土时脱落。

③相邻两幅卷材的有效搭接宽度为 10 cm（不包括钉孔），覆盖钉孔部位，要求上幅压下幅进行搭接。搭接时，搭接缝范围内的隔离膜必须撕掉。

④防水层破损部位应采用同材质材料进行修补，补丁满粘在破损部位，补丁四周距破损边缘的最小距离不小于 10 cm。

⑤基面有明水流时不得进行防水层的铺设工作。

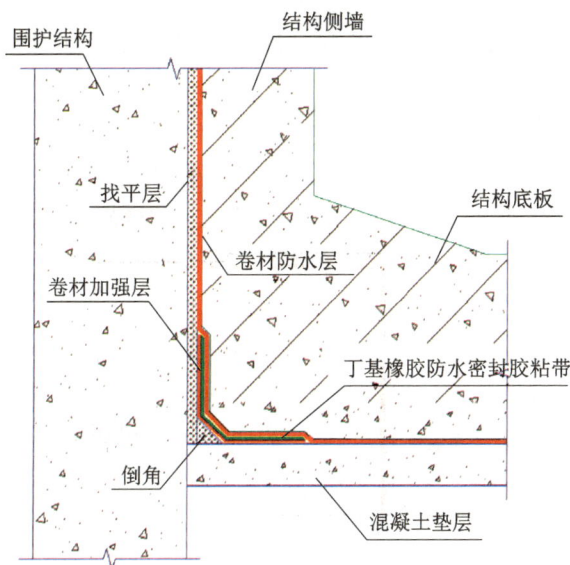

图 5-4 底板防水细部结构图

⑥垫层表面的积水应清除。

⑦卷材表面积水时,应排除干净再浇筑混凝土。

⑧铺贴立面卷材防水层时,应采取防止卷材下滑的措施。

(2)侧墙防水。

和底板相同,侧墙也采用主材厚 1.2 mm、全厚 1.7 mm 的 P 类预铺防水卷材进行防水。在施作防水层前,需进行基面处理,再用水泥砂浆找平。虽然侧墙防水不设保护层,但也应采取临时保护措施避免防水层受到破坏。防水卷材的基面处理有以下几点要求:

①铺设防水卷材的围护结构表面应清理干净,平整度应满足 $D/L \leqslant 1/20$(D 为相邻两凸面间的最大深度,L 为相邻两凸面间的最小距离),并要求凹凸起伏部位应圆滑平缓。所有不满足上述要求的凸出部位均应凿除,并用 1∶2.5 的水泥砂浆进行找平;凹坑部位采用 1∶2.5 水泥砂浆填平。基面应洁净、平整、坚实,不得有疏松、起砂、起皮现象。

②基层表面可潮湿,但不得有明水流,否则应进行堵水处理或临时引排。

③所有阴角均采用 1∶2.5 水泥砂浆做成 2 cm×2 cm 的钝角,阳角做成 $R20$ 的圆弧。

（3）顶板防水。

顶板采用 2.5 mm 聚氨酯防水涂料进行防水，细部结构如图 5-5 所示。

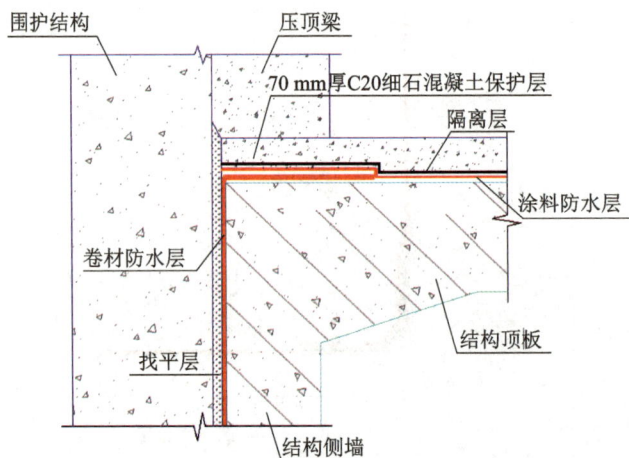

图 5-5　顶板防水细部结构图

顶板防水层按以下顺序进行施工：

1）先进行基层处理，基层处理完毕并验收合格后，在阴、阳角和施工缝等特殊部位涂刷防水涂料加强层。其中基层处理有以下几点要求：

①顶板结构混凝土浇筑完毕后，应反复收水压实，使基层表面平整，其平整度用 2 m 靠尺进行检查，直尺与基层的间隙不超过 5 mm，且只允许平缓变化。

②对于基层表面的气孔、凹凸不平、蜂窝、缝隙、起砂等，应进行修补处理，基面必须干净、无浮浆、无水珠、不渗水；当基层上出现大于 0.3 mm 的裂缝时，应在骑缝两侧 10 cm 处涂刷 1 mm 厚的涂料防水加强层，然后设置聚酯布增强层。

③所有阴角部位均应采用 2 cm×2 cm 的 1：2.5 水泥砂浆进行倒角处理，阳角做成 $R10$ 的圆角。

2）加强层实干后，开始涂刷大面防水层，防水层采用多道（一般为 3～5 道）涂刷，上、下两道涂层涂刷方向应互相垂直。当涂膜表面完全固化（不黏手）后，才可进行下道涂膜施工。

3）涂膜防水层施工完毕并验收合格后，应及时施作防水层的保护层，平面保护层采用 70 mm 厚的 C20 细石混凝土，在浇筑细石混凝土前，需在防水层上覆盖一层 100 g/m^2 的无纺布隔离层。立面防水层（如反梁的立面）采用厚度不小于 6 mm 的聚乙烯泡沫塑料进行保护(发泡倍率小于或等于25%)。

顶板防水施工还应注意以下事项:

①雨雪天气以及五级风以上的天气不得施工。

②涂膜防水层不得有露底、开裂、孔洞等缺陷以及脱皮、鼓泡、露胎体和皱皮现象。涂膜防水层与基层之间应黏结牢固,不得有空鼓、砂眼、脱层等现象。

③涂膜收口部位应连续、牢固,不得出现翘边、空鼓部位。

④刚性保护层完工前任何人员不得进入施工现场,以免破坏防水层;涂层的预留搭接部位应由专人看护。

⑤顶板宜采用灰土、黏土或亚黏土进行回填,厚度不小于50 cm,回填土中不得含石块、碎石、灰渣及有机物。人工夯实每层不大于25 cm,机械夯实每层不大于30 cm。夯实时应防止损伤防水层。只有在回填厚度超过50 cm时,才允许采用机械回填碾压。

5.4.2　细部构造防水

(1)施工缝防水。

施工缝是结构环段与环段之间的缝隙,这种缝隙无法避免,施工缝防水要遵循以下规定:

①分段浇筑的混凝土施工缝分为纵向水平施工缝和环向垂直施工缝两种,环向垂直施工缝的间距不宜大于16 m。

②墙体水平施工缝不应留在剪力最大处或底板与侧墙的交接处,应留在高出底板表面不小于300 mm的墙体上。拱(板)墙结合的水平施工缝宜留在拱(板)墙接缝以下150～300 mm处。墙体有预留孔洞时,施工缝距孔洞边缘不应小于300 mm。

③水平施工缝浇筑混凝土前,应将其表面浮浆和杂物清除,涂刷1.5 kg/m² 水泥基渗透结晶型防水涂料,再铺30～50 mm厚的1:1水泥砂浆,并及时浇筑混凝土。

④垂直施工缝浇筑混凝土前,应将其表面凿毛并清理干净,涂刷1.5 kg/m² 水泥基渗透结晶型防水涂料,并及时浇筑混凝土。

⑤垂直施工缝应避开地下水和裂隙水较多的地段,并宜与变形缝相结合。

六眼井车站施工缝防水采取以下方案,细部构造如图5-6～图5-9所示。

①除中楼板施工缝中部只设置钢边橡胶止水带,顶板、侧墙、底板均设置钢边橡胶止水带＋注浆管。注浆应满足以下要求:注浆导管要绕过止水带从结构背水面一

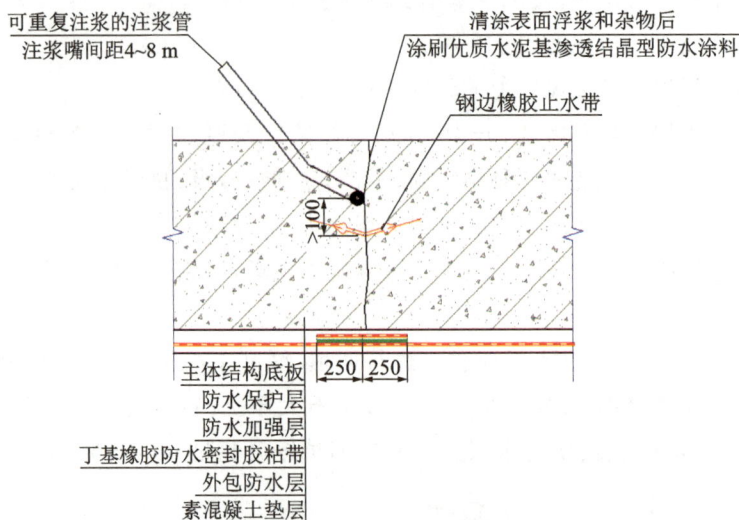

可重复注浆的注浆管
注浆嘴间距4~8 m

清涂表面浮浆和杂物后
涂刷优质水泥基渗透结晶型防水涂料

钢边橡胶止水带

主体结构底板
防水保护层
防水加强层
丁基橡胶防水密封胶粘带
外包防水层
素混凝土垫层

图 5-6　底板施工缝防水细部构造图（单位：mm）

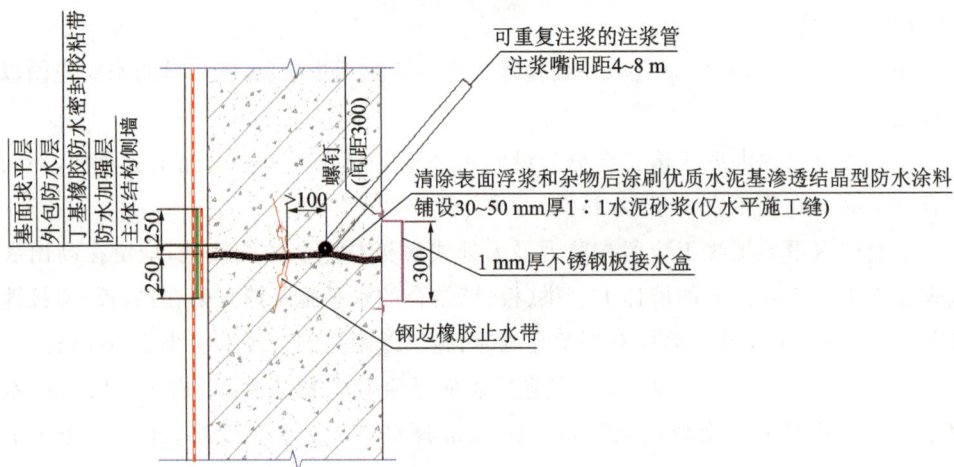

可重复注浆的注浆管
注浆嘴间距4~8 m

清除表面浮浆和杂物后涂刷优质水泥基渗透结晶型防水涂料
铺设30~50 mm厚1：1水泥砂浆(仅水平施工缝)

1 mm厚不锈钢板接水盒

钢边橡胶止水带

螺钉(间距300)

基面找平层
外包防水层
丁基橡胶防水密封胶粘带
防水加强层
主体结构侧墙

图 5-7　侧墙施工缝防水细部构造图（单位：mm）

侧引出，且不得接触止水带，并应最少两处固定在结构内排和箍筋上；注浆导管应设置在塑料保护罩内，拆除模板后打开保护罩盖子即可进行注浆施工；注浆管注浆材料可选用超细水泥、亲水性环氧树脂浆液等化学灌浆材料，注浆应在结构施工完毕、停止降水后进行；注浆管注浆时机需根据具体情况确定。

②施工缝处增设一道 500 mm 宽柔性防水加强层。

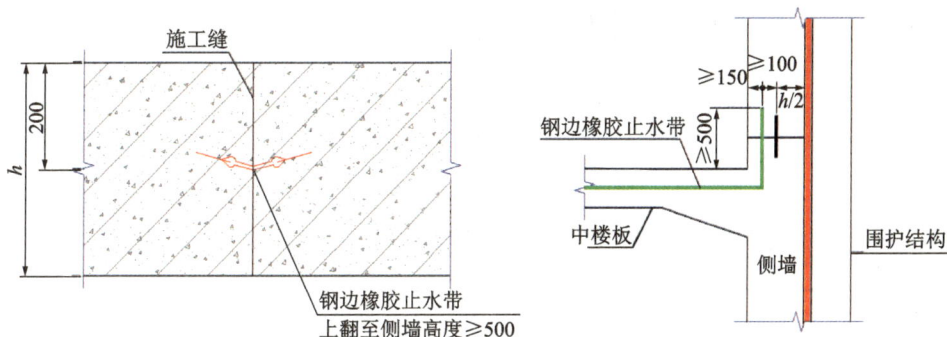

图 5-8 中楼板施工缝防水细部构造图（单位：mm）

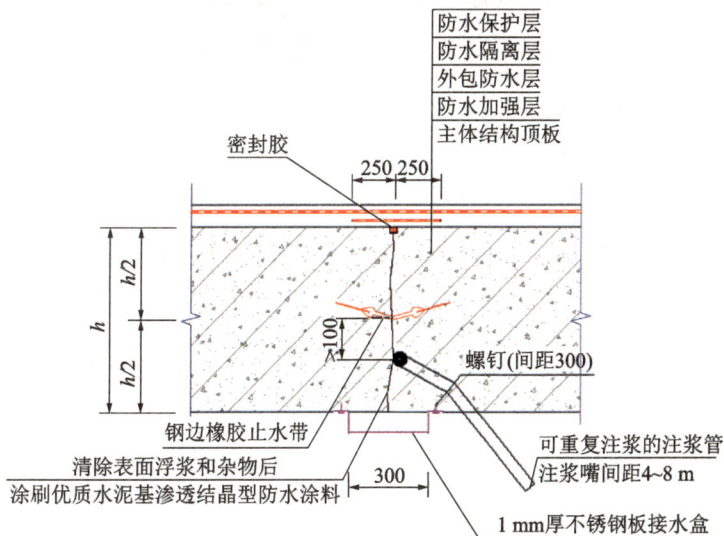

图 5-9 顶板施工缝防水细部构造图（单位：mm）

③在底板和侧墙的防水层与加强防水层之间设置一道丁基橡胶防水密封胶粘带进行连接。

④顶板施工缝在迎水面设置一道密封胶，侧墙及底板不设置。

⑤在顶板和侧墙处设置 1 mm 厚不锈钢板接水盒。

（2）变形缝防水。

本车站采取以下方案进行变形缝防水，细部构造如图 5-10～图 5-13 所示。

①变形缝顶板、侧墙和底板中均预埋可注浆式钢边橡胶止水带，并兜绕成环；

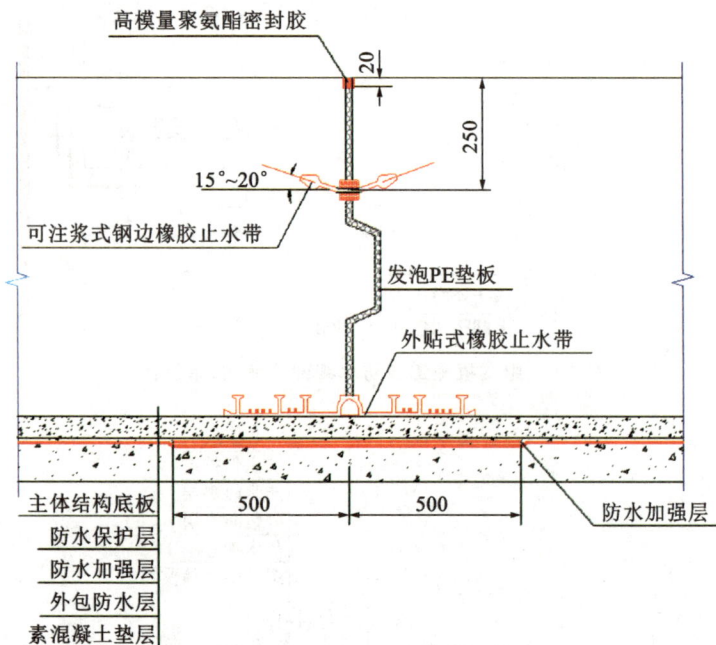

图 5-10　底板变形缝防水细部构造图（单位：mm）

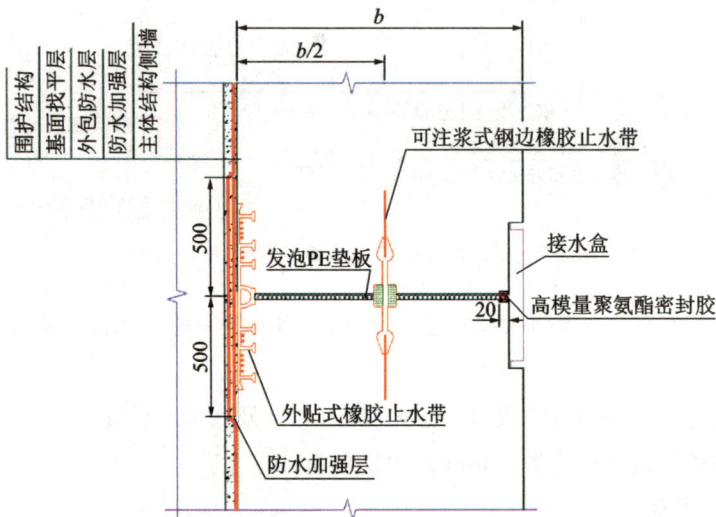

图 5-11　侧墙变形缝防水细部构造图（单位：mm）

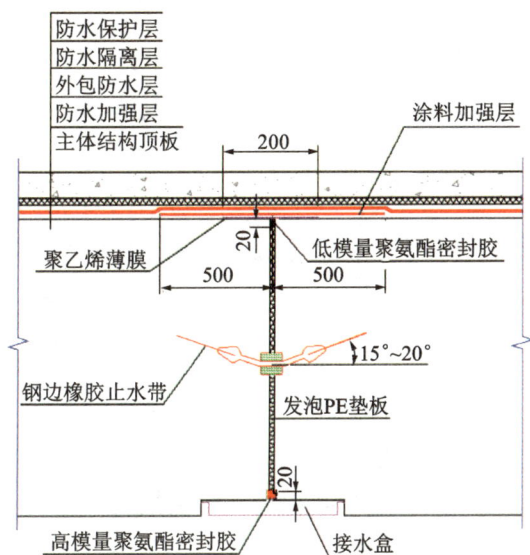

图 5-12 顶板变形缝防水细部构造图(单位:mm)

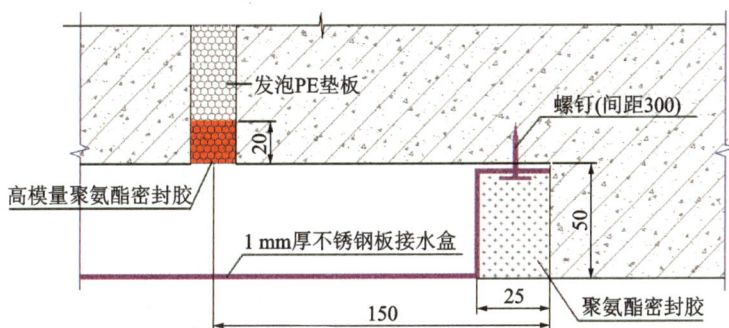

图 5-13 接水盒细部构造图(单位:mm)

②底板和侧墙迎水面采用外贴式橡胶止水带,顶板迎水面预留嵌缝槽并以低模量聚氨酯密封胶嵌填;顶板、底板、侧墙背水面采用高模量聚氨酯密封胶嵌缝。

③顶板和站厅层侧墙背水面设置接水盒,侧墙接水盒距建筑地面高度为 10 cm。

④变形缝迎水面均设置宽度为 1 m 的柔性防水加强层。

(3)抗拔桩。

首先把桩头外露部分凿毛并清理干净,然后涂刷水泥基渗透结晶型防水涂料,用量为 2 kg/m²。柔性防水层应铺设至桩头处并采用单组分聚氨酯遇水膨胀密封胶收边。抗拔桩桩头防水细部构造图如图 5-14 所示。

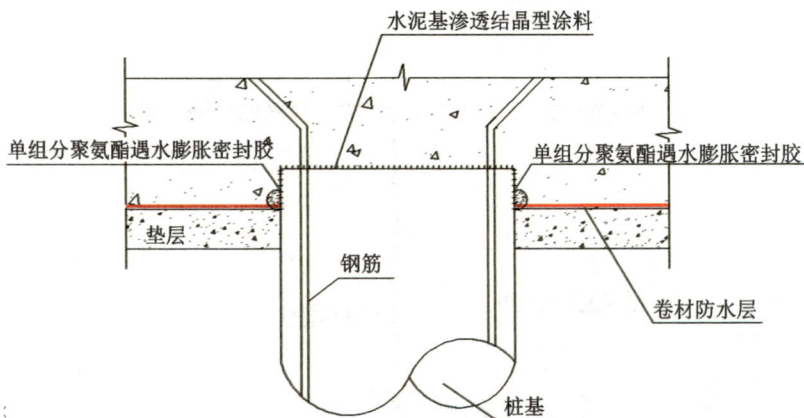

图 5-14　抗拔桩桩头防水细部构造图

（4）穿墙管。

所有预埋穿墙管均设止水钢环,再缠绕遇水膨胀腻子止水条(胶),并用单组分聚氨酯遇水膨胀密封胶将其与防水层进行连接,细部构造如图 5-15 所示。

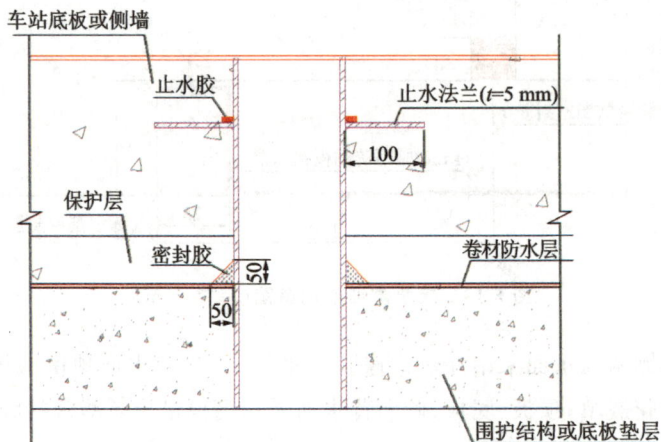

图 5-15　穿墙管防水细部构造图(单位:mm)

5.5 本章小结

　　本章首先对既有车站渗漏水原因进行了分析,总结出地铁车站防水系统的三道防线:混凝土结构自防水、柔性防水、细部构造防水。

　　其次,从占地空间、防水性能、抗浮性能、结构整体性、施工难度、工程造价几个方面综合考虑,分析了复合墙和叠合墙结构的受力特点、优缺点、适用范围,择优选出了复合墙作为南昌地铁3号线六眼井站的侧墙结构形式。

　　最后,确立了以混凝土结构自防水为根本,变形缝、施工缝等细部构造防水为重点,柔性防水为辅助的综合防水方案。方案具体内容为:

　　(1)基于现场施工要求及相应设计规范,从混凝土的原材料、掺合料、配合比设计、补强堵漏要求、耐久性检验、拌制、计量、运输、浇筑、养护与拆模10个方面综合考虑,提出了高性能混凝土在南昌地铁3号线六眼井站工程中的质量控制参数和质量保证措施。

　　(2)对顶板、侧墙、底板所采用的柔性防水材料、施工工艺及注意事项做了具体介绍。

　　(3)对施工缝、变形缝、抗拔桩、穿墙管重点渗漏水位置提出了具体的防渗措施。

第 6 章　研究成果与创新点

6.1 主要研究成果

(1)形成了深岩层地下连续墙机械选型与快速施工工艺。

针对富水砂层连续墙成槽施工困难这一问题,对不同成槽工艺进行了比选,选取"抓铣结合"施工工艺进行施工,刀盘由初期的平齿刀盘换成锥齿刀盘,主机由意大利土力 SC-120 铣槽机更换为德国宝峨 BC40 铣槽机,并采用相关的措施,例如利用循环浆温度冷却刀盘;泥水分离,调整泥浆指标,优化循环浆质量;反转刀盘防结泥饼等。改善了循环浆的质量,降低了刀盘的温度,增强了破岩能力,加大了泵的出渣能力,大大降低了刀盘结泥饼的概率,从而加快了现场的施工进度,解决了南昌地区泥质粉砂岩双轮铣槽机结泥饼、糊刀盘等降低成槽工效的难题。

提出了地下连续墙在易超挖地层中工字钢接头防混凝土绕流施工工法、地下连续墙工字钢接头处理刷检结合施工工法,形成了地下连续墙工字钢接头防绕流装置及其施工方法,有效降低了地下连续墙施工的绕流风险,提高了上软下硬深入岩地下连续墙的一次成型质量,减少了冲击锤重复处理绕流的油耗及噪声污染。

(2)提出了紧邻建筑物 SMW 工法桩跳仓施工工法。

采用三维有限元分析软件 ABAQUS 对六眼井站 SMW 工法桩施工过程进行了建模计算,模型重点考虑了工法桩凝结硬化前具有的流塑性特征,设置了连续施工和跳仓 1、2、3 幅施工 4 种工况,并采用土体最大沉降、工法桩中间地表沉降、横向地表沉降、纵向地表沉降、中垂面水平位移 5 个指标分析了不同工况对周围土体的变形影响,计算结果表明,跳仓施工相较于连续施工能减少土体的变形,提高施工安全性,且不同间距的跳仓施工方法对土体的扰动差异不大,基于缩短施工周期、提高施工效率的目的,采用跳仓 1 幅施工方案进行施工。

(3)提出了半盖挖系统下钢支撑架设施工工法。

创造性地提出了半盖挖车站门式和悬挂式起重机联合架设钢支撑的施工工法,此工法采用两种成熟的吊装工艺联合作业的施工技术,既能提高钢支撑的架设速度,又能保证施工安全。

对于这一新型施工方法,根据混凝土及钢结构相关规范,结合数值分析进行验算。所选用的运行电机满足功率要求,主梁刚度、强度满足相关要求,路面盖板、混凝土支撑、临时钢立柱满足变形、稳定、强度要求,预埋件及轨道连接满足强度要求,因此盖板下吊装系统不仅具备创新性，也符合安全性要求。

半盖挖车站门式和悬挂式起重机联合架设钢支撑施工主要包括两部分内容：悬挂轨道与电动葫芦安装、门式和悬挂式起重机联合架设钢支撑，并对这两部分内容提出了施工关键点控制及针对性措施，能保证钢支撑架设有"法"可循，快速安全地完成施工任务。

（4）形成了半盖挖系统下深入岩基坑快速开挖技术。

提出了一种适用于半盖挖车站深入岩基坑的开挖设备配置组合，主要由岩石臂（鹰嘴钩）、挖掘机、装载机组成。采用岩石臂破岩、挖掘机翻渣、装载机转运渣、挖掘机出渣的上下一体化综合配置使用技术。

（5）形成了富水地层主体结构防水施工方案。

地铁车站的渗漏已成为国内外工程界的难题，本书对既有车站渗漏原因进行了分析，总结出导致地铁车站防水系统失效的主要原因，并以此为基础确立了以混凝土结构自防水为根本，以变形缝、施工缝等细部构造防水为重点，以柔性防水为辅助的综合防水方案。

6.2　与国内外同类技术的对比

与国内外同类技术的对比详见表6-1。

表6-1　　　　　　　　　与国内外同类技术的对比

项目	对比内容	国内外同类技术特点	本项目特色
深岩层地下连续墙机械选型与快速施工工艺研究	成槽方法、刀盘类型、主机类型	成槽方法一般为成槽机＋旋挖钻、成槽机＋冲击钻，刀盘和主机不能因地制宜地采用	选取"抓铣结合"工艺进行施工，刀盘由初期的平齿刀盘换成锥齿刀盘，主机由意大利土力SC-120铣槽机更换为德国宝峨BC40铣槽机，解决了南昌地区泥质粉砂岩双轮铣槽机结泥饼、糊刀盘等降低成槽工效的难题

续表6-1

项目	对比内容	国内外同类技术特点	本项目特色
复杂敏感环境下地下连续墙施工安全控制技术	SMW工法桩施工顺序	采用连续施工	采用跳仓施工
	富水砂层三轴搅拌桩水泥浆控制	水泥浆易流失	严格控制施工工艺参数,水泥浆控制效果较好
	地下连续墙施工废弃地下人防处理	地下结构内人工处理	全回转钻机地下清障,兼做封堵泥浆逃逸通道
半盖挖系统下基坑施工工艺研究	钢支撑架设方法	门式起重机+人工/挖掘机	门式起重机+盖板下悬挂轨道式电动葫芦
	深入岩土方开挖设备配置	挖掘机	针对岩层特性及半盖挖空间限制,选用岩石臂(鹰嘴钩)破岩+挖掘机+装载机转运的多种设备配套互补,最大化提升开挖效率
富水地层主体结构防水施工技术研究	侧墙结构形式、防水形式	采用单一墙、叠合墙;单一防水形式	采用复合墙;以混凝土结构自防水为根本,以变形缝、施工缝等细部构造防水为重点,以柔性防水为辅助

6.3 主要创新点

(1)针对南昌地区复合地层的工程特性,进行深岩层地下连续墙成槽工艺比选和成槽设备选型,提出了泥质粉砂岩地层中地下连续墙快速成槽施工工艺。

(2)针对地下连续墙混凝土浇筑时工字钢接头混凝土绕流引起的成型围护结构接头处的渗漏水病害进行工艺优化创新,提出了可重复使用的地下连续墙工字钢接头防绕流装置及使用工法。

(3)形成了一套复杂敏感环境下地下连续墙施工安全控制技术,建立了复杂条件下地下连续墙施工邻近建筑物安全保障体系。

（4）针对现有半盖挖车站基坑施工时钢支撑架设空间受限、现有钢支撑架设作业安全风险高等弊端，提出了半盖挖车站基坑门式和悬挂式起重机联合架设钢支撑的施工工法。

参 考 文 献

[1] 丁勇春.基于三维快速拉格朗日元法的基坑开挖与支护数值模拟研究[D].扬州:扬州大学,2005.

[2] 刘凤洲,谢雄耀.地铁基坑围护结构成槽施工对邻近建筑物沉降影响及监测数据分析[J].岩石力学与工程学报,2014,33(S1):2901-2907.

[3] 徐鸿晟.水泥土搅拌桩在地连墙槽壁加固中的应用[J].西部交通科技,2018(8):140-142,159.

[4] 应宏伟,李涛,杨永文,等.深基坑隔断墙保护邻近建筑物的效果与工程应用分析[J].岩土工程学报,2011,33(7):1123-1128.

[5] 徐正国.地铁2号线河南中路站深基坑施工对东海商都的保护措施[J].上海建设科技,2000(5):20-21.

[6] 徐中华,邓文龙,王卫东.支护与主体结构相结合的深基坑工程技术实践[J].地下空间与工程学报,2005(4):607-610.

[7] 刘继强,李元海,林志斌,等.考虑蠕变的邻近地铁隧道深基坑开挖工序优化[J].铁道工程学报,2014,31(9):108-114.

[8] 杜家论,左自波,荣建,等.大面积基坑开挖工序对邻近供能管沟的影响[J].上海交通大学学报,2015,49(7):998-1004.

[9] 杨庆华.浅谈SMW工法在深基坑中的应用[J].安徽建筑,2016,23(4):157-159.

[10] 薛慧君,申向东,邹春霞,等.水泥土早期力学性能影响因素分析[J].硅酸盐通报,2014,33(8):2056-2062.

[11] 薛慧君,申向东,邹青霞.水泥土变形特性与应力应变全曲线本构方程研究[C]//中国力学学会.第十五届北方七省市区力学学术会议论文集.郑州:郑州大学出版社,2014:277-280.

[12] 曹智国,章定文.水泥土无侧限抗压强度表征参数研究[J].岩石力学与工程学报,2015,34(S1):3446-3454.

[13] 吴卫,李兴宝,陈建华,等.北京地铁10号线芍药居站主体结构深基坑开挖及支护技术[J].铁道标准设计,2008(12):189-192.

[14] 赵凯.地铁车站钢支撑施工技术研究——以郑州地铁1号线火车站站为例[J].河南科技,2012(7):90-91.

[15] 孙鸿飞. 深基坑土方开挖及钢支撑施工技术[J]. 民营科技, 2009(4):142,189.

[16] 方培旭. 钢支撑在地铁车站半盖挖施工方法中的安装和拆除[J]. 云南水力发电, 2014(3):1-5.

[17] 陈荣. 闹市区超深地铁车站的顺逆作结合施工技术[J]. 建筑施工, 2014,36(3): 264-265.

[18] 中国电建集团铁路建设有限公司, 中国水利水电第十一工程局有限公司. 变体式大型钢支撑安装移动台车:CN201620493245.7[P]. 2016-10-12.

[19] 上海隧道工程有限公司, 上海交通大学. 盖挖法中用于安装钢支撑的系统及方法:CN201810047314.5[P]. 2018-06-26.

[20] 中国建筑第六工程局有限公司. 一种半盖挖基坑盖板下方横向钢支撑倒运安拆施工结构:CN201720779125.8[P]. 2018-01-23.

[21] 蔡军锋. 广州地铁基坑开挖静态爆破施工技术[J]. 建筑工程技术与设计, 2016 (33):195-196.

[22] 罗反苏, 潘岸柳, 罗努银, 等. 上软下硬的复杂地层中地下连续墙成槽施工技术[J]. 建筑施工, 2018,40(6):827-829.

[23] 周少良. 上软下硬地层地下连续墙施工技术[J]. 工程建设与设计, 2017(3): 10-11.

[24] 袁浩峦, 李云涛. 海域围堰上软下硬地层中地下连续墙施工技术研究与实践[J]. 隧道建设(中英文), 2017,37(S2):254-259.

[25] 杨武厂. 天津地区超深地下连续墙成槽关键技术[J]. 地下空间与工程学报, 2016,12(S1):291-295,301.

[26] 丁勇春, 李光辉, 程泽坤, 等. 地下连续墙成槽施工槽壁稳定机制分析[J]. 岩石力学与工程学报, 2013,32(S1):2704-2709.

[27] 秦会来, 李峰, 郭院成. 超深地连墙槽段施工的三维数值分析[J]. 岩土工程学报, 2013,35(S2):335-340.

[28] 罗程. 南昌地铁车站的防水设计现状及改进措施[J]. 四川水泥, 2018(11):354.

[29] 陈斌. 宁波轨道交通2号线一期工程防水设计与优化探讨[J]. 中国建筑防水, 2017(10):19-24.

[30] 符小龙, 陈俭伟. 深圳市地铁一期工程华侨城站防水设计及施工[J]. 建筑安全, 2006,21(4):51-54.